7倍高效学习法

乔麦信◎著

山西出版传媒集团 山西人民出版社

图书在版编目（CIP）数据

7倍高效学习法 / 乔麦信著. -- 太原 : 山西人民出版社, 2024. 12. -- ISBN 978-7-203-13670-5

Ⅰ. G442

中国国家版本馆CIP数据核字第20245HC931号

7倍高效学习法

著　　者：乔麦信
责任编辑：周小龙
复　　审：李　鑫
终　　审：贺　权
装帧设计：仙境设计

出 版 者：山西出版传媒集团·山西人民出版社
地　　址：太原市建设南路21号
邮　　编：030012
发行营销：0351—4922220　4955996　4956039　4922127（传真）
天猫官网：https://sxrmcbs.tmall.com　电话：0351—4922159
E-mail：sxskcb@163.com　发行部
sxskcb@126.com　总编室
网　　址：www.sxskcb.com

经 销 者：山西出版传媒集团·山西人民出版社
承 印 厂：三河市京兰印务有限公司

开　　本：710mm×1000mm　1/16
印　　张：12
字　　数：185千字
版　　次：2024年12月　第1版
印　　次：2024年12月　第1次印刷
书　　号：ISBN 978-7-203-13670-5
定　　价：49.80元

前言

为什么高效学习对于成人而言尤其重要？

说起这个时代给人最深的印象，可能一个字就能概括——“快”。我们处于一个时刻都在发生变化的时代，变化是这个时代唯一不变的事物。

仔细想想，我们身边那些习以为常的东西也就是近几年才出现的，但发展势头却异常迅猛：移动支付是2014年之后才普及的，直播带货是2019年开始萌芽的，就连与我们“形影不离”的智能手机，也才出现十来年的时间。

2022年，OpenAI（美国一家人工智能研发公司）的快速崛起推动了人工智能浪潮席卷而来。人工智能已经改变了许多从业者的命运，重塑了很多行业的底层运行逻辑。

时代如同一只看不见的大手，推动着我们踉跄前行，一刻不停。

以前，我们埋头苦读，先经过九年义务教育，再苦读三年高中，之后进入大学，选择自己想要研读的专业，毕业后根据自己所学和喜好选择并参加工作。很多人在自己的行业里按部就班地工作着，有些人甚至能够在一份工作上一直干到退休。

但这样的时代已经一去不复返了。未来，太多的变数充斥着我们的工作和生活。一把钥匙打不开所有的锁，一项技能也无法满足时代变化的需要。以前那种“一成不变”的模式已经彻底被时代的浪潮拍散了。

成年人对于不确定的未来充满了焦虑，而缓解这种焦虑的诸多方法中，学习算是一个比较有效的良方。学习能够让我们根据时代的需求和变化作出回应，能够将自身价值与社会需求调为同频状态。我们如同一个时代交响曲中的微小音符，要始终确保自己处于大环境的和谐音调上。既然我们无力阻止滚滚向前的时代巨轮，那就让我们改变一下自己，培养自己适应环境的能力。

学习的重要性自不必多言，但学习对于成人而言却是一项很大的挑战，而其中最大的障碍就是时间的限制。青少年的学习，每天有固定的时间，有专门的老师，一切都安排得井井有条。而成年人需要工作、生活、社交，很难抽出大量时间来集中学习，所以学习难度可想而知。

正因为时间宝贵，我们才更需要一种事半功倍的高效学习法。

高效学习是一种技能，它可以帮助我们合理地分配资源，高效地管理时间，通过合理的规划、科学的方法制订出适合自己的学习计划。

7 倍高效学习法是笔者多年来总结出的一套行之有效的学习方法，通过快速制定学习目标、快速进入学习状态、快速理解记忆、快速找到规律、快速归纳总结、快速搭建思维框架、快速复盘等 7 个“快速”，将学习效率提升 7 倍，因此命名为“7 倍高效学习法”。

笔者曾利用 7 倍高效学习法，先后学习了平面设计、动画制作、写作、自媒体运营、心理学等多个领域的知识，并先后拿下了新闻记者证、自媒体运营师、心理咨询师等多个资格证书。实践证明，这是一套科学有效的学习方法。

本书围绕成人高效学习这一主题，从个人规划、心理建设、目标设定、任务分解、学习方法技巧、执行监控和复盘总结等方面进行介绍，并有针对性地对公考、职业技能提升、副业变现等领域进行精准指导。

无论您是出于何种目的学习，这本书都能够给您提供一种有效的学习方法和路径，让您的学习变得更高效、更快速、更容易坚持下去，提升您的职场竞争力，为您的人生打开一个新的局面。

在现代社会这个发展更快的巨变时代中，成年人想要通过学习提升自己的段位，仅仅依靠以前的学习经验可能会显得捉襟见肘，新的时代背景要求我们必须学会新的学习方法，正所谓“磨刀不误砍柴工”，高效学习法能让我们的学习效率事半功倍。通过高效学习，我们能够更好地平衡工作、学习和生活，实现自我提升和成长。

高效学习不仅是成人学习的关键，也是个人实现成功和幸福的重要技能之一，希望您通过本书的学习，能够不断提升自我，适应社会发展和变化，成为始终走在社会前沿的领头人，从而实现自己的梦想和目标。

目录

CONTENTS

第 1 章

高效学习前的准备

第 2 章

掌握高效学习的方法和技巧（一）

第 3 章 ▶▶▶

掌握高效学习的方法和技巧（二）

第 4 章 ▶▶▶

提升学习效果（一）——心理策略

第 5 章 ▶▶▶

提升学习效果（二）——战术策略

第 6 章 ▶▶▶

提升学习效果（三）——学习技巧

第 7 章 ▶▶▶

精准学习——不同领域的学习方法

第 8 章 ▶▶▶

价值变现——让学习交付结果

附录

后记

第1章 高效学习前的准备

1.1

快速设定目标：明确学习目标和期望成果

在开始学习之前，一定要先明确自己的学习目标和期望成果。

学习目标是指希望自己在即将学习的领域里达到什么样的深度。期望成果是指想通过学习为自己带来怎样的实际收益。

“我想通过学习英语提高个人能力。”这算是有明确的学习目标和期望成果吗？不算！因为它听起来就像是要跟英语单词死磕，而实际上并不知道自己学习英语这条路的目的地在哪，自己想要利用学到的英语技能做些什么，或是学到的英语技能给自己带来怎样的好处。

“我学习英语没有什么特别的追求，就是想在看美剧的时候能够抛开字幕看懂，或者能够顺畅地阅读英文书籍。”这样的愿望实际上也不能称为具有清晰的目标，还需要进一步细化。在英语学习领域，如果只是满足口头表达需求，大概需要熟记 3000 个单词；如果想不借助字幕就能顺利看懂美剧，大概需要掌握 5000 ~ 8000 的词汇量；如果想顺畅地阅读英文版书籍则需要掌握 12 000 个左右的词汇。

你看，当我们把学习的目标明确标记为数字时，目标就变得逐渐清晰起来，因为无论是 3000 还是 10 000 的词汇量，它都是一个基本确定的数字，是一个可以用来分解和量化的目标。

<table>
<tr><th colspan="3">我的学习目标计划</th></tr>
<tr><td>目标
（考过英语四级）</td><td colspan="2">期望
熟练掌握英语四级内容
能用英文熟练对话
能看懂英文通俗小说</td></tr>
<tr><td colspan="3">每日时长：240 分钟</td></tr>
<tr><td>上午：
6：00—7：30</td><td>中午：
12：30—13：30</td><td>晚间：
21：30—23：00</td></tr>
<tr><td colspan="3">每日任务：140 个单词（具体量化）</td></tr>
</table>

图 1-1

其他领域的学习也可以参考这种方法来明确目标，即将学习目标数字化。

例如，你想通过考取注册建筑师资格证来提高职场竞争力。虽然考取建筑师资格证已经是一个清晰的目标了，但同样需要你把这个目标数字化，因为人对数字有着天生的敏感性，把目标转化为确定的数字，能让这个目标更加清晰具体，从而深深地刻在脑海里，成为一种内在的驱动力。

拿我自己考取心理咨询师证书的经历来举例。我少年时期偶然接触过一本日本作家编写的心理学书籍，读后觉得心理学非常有意思，便对心理学产生了极大的兴趣，自己利用业余时间读了弗洛伊德、荣格、阿德勒等著名心理学家的书籍，掌握了一些心理学知识。当我后来决定考证的时候，我的做法是先从网上找一些往年的模拟试卷，在没有开始学习考试资料之前，先尝试做一遍题，测试一下自己在这个领域的知识储备处于什么样的段位，并把它数字化。

我连续做了几套心理咨询师考试模拟试卷，结果令人非常沮丧，我的分数始终在 30 分上下，而且有一部分内容还是侥幸答对的。真正的心理咨询师考题和我看过的那些名家著作的内容相差甚远，为了保险起见，我把自己的学习目标定到了 85 分，现有水平和目标之间的差距是 50 分。

提高 50 分就是一个非常确定而清晰的学习目标。我希望自己通过快速高效的学习，用最快的速度将这 50 分补齐，然后顺利拿到资格证书。

确定了目标之后，我们再来看期望成果。期望成果就是我想要通过学习获得什么样的实际收益。成年人的学习大都有着极强的目的性，总结下来无非以下几种：

（1）希望通过学习提高自己的职场竞争力。通俗来说，就是希望通过获得某种技能的加持从而提高薪资，甚至争取到升职的渠道或机会。

（2）希望通过考取技能证书获得某个工作岗位。比如注册会计师证书、注册建筑师证书、大数据分析师证书等，类似的证书能够帮助我们在求职和就业的时候获得加分。

（3）希望通过学习某种技能获得副业变现能力。也就是说，你学习的技能在目前的职场环境中可能没有什么用处，但它可以成为你工作之外的一种挣钱工具，增加自己的收入。比如视频剪辑特效制作、软文写作、插画、自媒体运营等。

（4）希望通过学习某种技能让自己的生活变得更充实，更有意义。这一类学习基本上和爱好类似，比如学习瑜伽让自己的身体变得更好、心境更平和，学习书法和乐器来陶冶自己的情操等。

无论我们学习的内容是什么，都需要在开始之前明确自己的学习目标和期望成果。希望提高自己职场竞争力的学习，利用技能的加持获得薪资上的反馈就是我们的期望成果；希望通过学习考取某个职业资格证书，用这个证书找到自己想要的工作岗位就是我们的期望成果。

在开始学习之前，除了将自己的目标数字化、清晰化之外，还要明确自己对于这个学习成果的期望在什么地方，否则我们的学习将没有动力。相较于游戏、电影、小说、娱乐这些快速的正向反馈项目，学习是一个较慢的反馈项目，因此非常需要一个期望成果支撑了。

人的大脑天生喜欢立即得到反馈。比如风靡全球的游戏俄罗斯方块，这个游戏很简单，只需要把一行方块摆满就会消除该行。我相信玩过这个游戏的人都特别喜欢那个一次能够消除 4 行的长方形，因为消除一行之后，大脑就会立即收到反馈，分泌微量的多巴胺，让我们产生愉悦的快感。如果一次能够消除 4 行，那产生的多巴胺就是 4 倍的量级，快乐自然也会成倍涌现。

几乎所有的游戏都是遵循快速反馈的原理设计的。在电子游戏里打死一个小怪物，就会立即获得一定的金币和经验奖励，打死一个大怪物，就会获得大量的金币和经验奖励，这些都是立即就会给到的反馈，绝对不会等到第二天，所以电子游戏让我们着迷甚至沉迷。

学习则不一样。它就像在黑暗中洗衣服，只有等到天亮之后才知道有没有洗干净。学习需要更多的耐心，更多的自律，更长的时间，当然，最终的结果反馈给我们的快乐和成就感也将是巨大的，那种感受就像是童年时积攒了一个月的糖果一次性全都堆在了我们面前，也像是砸碎零钱储蓄罐的那一刻，看到了满地钱币。

明白了学习的底层逻辑，将有助于我们理解为什么学习需要一个明确的目标和期望的成果，因为它是我们学习的彼岸，是我们努力的方向，是我们发起冲锋的阵地，我们在学习的过程中，会时常抬头仰望我们的目标，它就在那里，我们每背会一个单词、每做对一道题、每前进一步，都会离目标更近一些。

最后，让我们用网络上比较流行的一句话共勉：怕什么学海无涯，进一寸有进一寸的欢喜。

1.2

学习时间管理：规划学习时间和学习进度

成年人学习的一大难点是时间有限，我们无法像学生时代那样，拿出大量且连贯的时间用来学习。成年人大都要兼顾工作、生活、家庭等多方面因素，因此能够用于学习的时间往往是碎片化且不连贯的，这就要求我们在学习之前，先规划好自己的学习时间以及学习进度。

1. 规划学习时间

我们可以把自己每天能够用来学习的时间先罗列出来，然后根据时间的长短分配和规划学习项目。

1 个小时及以上的时间，我们称作完整时间；30 分钟至 1 小时的时间，我们称作有效时间；30 分钟以下的时间，我们称作碎片时间。

学习时间对应学习项目安排

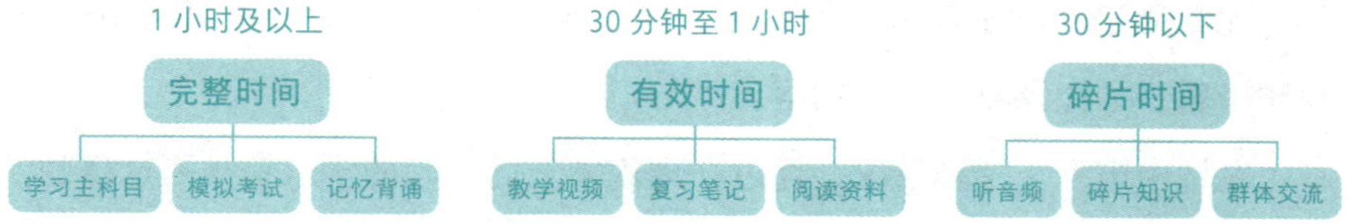

图 1-2

举个例子：张女士想学习插画，未来做一名业余的插画师，在网络上接单赚钱。她本身是一名办公室行政人员，上下班时间比较规律，一般是朝九晚五，4 岁的孩子已上幼儿园，平时由她父母负责照看和接送。

类似张女士这样有正式工作又在家庭中担任宝妈身份的学习者，在现实生活中非常多见，可以说是属于时间较难分配的一类人。通过时间罗列，她发现自己能够用来学习的时间是晚上 10：00—12：00、下午 1：00—2：00、下午 5：00—5：30，剩下的是 3 段 15 分钟以内的碎片时间。

综合来看，张女士能够用来学习的完整时间有 3 个小时，有效时间有半个小时，碎片时间累计有 45 分钟左右，共计 4 小时 15 分。

通常，一个学习计划能有效进行下去的最低标准是每天有 2 个小时的完整时间用来学习，案例中的张女士是符合标准的。如果每天的完整学习时间低于 2 个小时，那么完成学习目标的时间往往会拉长 4—5 倍，相应地成功概率也会降低。因此，我建议成年人尽可能每天安排出 3—4 个小时的学习时间，才能更快速、更高效地完成自己的学习计划。

学习时间罗列出来以后，我们就需要对这些时间进行合理的分配和规划。一般来说，我们需要把超过 1 个小时的完整时间分配给更需要专注度的学习内容，比如记忆类的背单词、学习语法、记忆法律条文、阅读学习资料等；把半小时到 1 小时的有效时间留给需要动手或者实践类的学习内容，比如做题、动手实践、复习复盘等；而半小时以下的碎片时间用来看视频资料，如微课堂之类的内容。

案例中张女士这种情况，经过合理规划之后，她的学习安排是这样的。

每天晚上忙完所有的家务事之后，10 点钟准时坐在相对安静的书房或客厅餐桌旁，开始系统学习插画知识、软件操作及美术基础知识。每天下午的 1：00—2：00 是午休时间，她可以利用 iPad 做线条练习和熟悉笔触。下午 5：00—5：30 是张女士下班后在地铁上的时间，这段时间，她通过手机观看视频课程。至于其他碎片时间，可以在小红书、微博上浏览相关内容，学习和提高自己的审美。

这样一来，张女士就将自己的三种时间做了合理的规划和分配，大块的完整时间用来系统地学习重要知识，有效时间用来做练习实践，碎片时间用来放松地学习插画大师的配色和构图，可以说安排得非常合理。

当然，因为成年人学习的领域和项目多种多样，案例中张女士这种技能类学习的时间规划仅作为参考，我们只要遵循以下原则，在时间规划上就不会有太大问题，即大块时间交给重要学习任务，中块时间交给练习实践，小块时间用来复盘提高，碎片时间则用来拓宽眼界。

2. 规划学习进度

合理规划好时间之后，我们还需要管理好学习进度。管理好学习进度，就是对学习目标的完成情况负责。这就像一家工厂需要在 1 个月的时间里完成 30 吨产品的生产任务，那就意味着需要每天至少生产 1 吨，才能在月底顺利交货。学习也一样，把自己的学习进度管理好，才能给自己一个满意的结果。

在学习的过程中，自己一个人要分饰几个角色，除了要扮演勤勤恳恳的流水线工人外，还要扮演好车间调度主任的角色，随时查看学习进度，查漏补缺，检查每天的学习任务有没有完成，完成的质量如何，有没有拉长整个学习周期，有没有给自己留下复习测试的时间。

有时候我们需要赶一下进度，有时候则需要停下来检查学习的质量和学习效果，以保证我们在学习的道路上每一天、每一步、每一题都落到了实处，没有欺骗自己，没有得过且过，没有弄虚作假，每一天的学习都朝着目标又迈进了一步。

1.3 快速进入学习状态：主动创造良好的学习氛围

在进入正式学习阶段之前，还有一件重要的准备工作要做，那就是主动创造一个良好的学习氛围。人非常容易受环境的影响，在嘈杂凌乱的环境中，人很容易被外界的声音和动态的影像打扰，而在相对安静整洁的环境中，人的大脑更有条理，更容易进入专注的心流状态，自然也能发挥出出色的学习能力和记忆能力。

良好的学习氛围对学习的效果有着至关重要的影响。古人很早就意识到了这一点，因此古代的学生想要考取功名，大多会离开家，主动住到城市或村庄之外人烟稀少的地方，有些甚至还会在荒郊野外的破庙中落脚，只简单搭一床一桌足矣，为的就是彻底隔绝外界的干扰，全身心地投入学习当中。

当然，如今我们大可不必如此“自虐”，通过以下几种方式就能够轻松创造出一个良好的学习氛围。

1．居家式学习

在家里搭建一块属于自己的学习空间。你可以在自己的书房里，也可以在其他房间腾出一块专属于自己的学习角落，准备好学习资料。如果需要用到电脑和 iPad 等电子设备，也需要一并准备齐全。然后和家人沟通好，告诉他们你的学习计划，以获得他们的支持，并要求他们在你学习的时间段里尽可能不要打扰。

在书桌的布置方面，一切为效率服务，所用到的主机、显示器、键盘、台灯等一切设备尽可能简约，桌面要干净整洁，不要放置太多杂物和装饰品；在学习期间，手机需要调至静音状态，特殊情况下甚至可以开启飞行模式，避免一切打扰。

我本人在桌面搭配和学习效率方面颇有心得，曾经荣获“小红书优质数码博主”称号，凭借的就是简洁高效的桌面布置和器材搭配。图 1–3 是我的桌面图片，可供参考。

图 1–3

干净整洁的桌面不仅能够大幅度提高学习效率，还能够让学习更专注，避免因为注意力转移而导致学习效率下降。

2. 图书馆、自习室学习

如果你家附近刚好有图书馆的话，可以尝试去图书馆学习。图书馆自带学习氛围，在所有人都在学习的环境里，能够不自觉地让我们更加专注于学习本身。

到图书馆学习是一件很有仪式感的事情，在去往图书馆的路上，大脑已经自动为你调整到了学习模式，省去了我们坐在自家书桌前那抓耳挠腮的预热过程，在效率上会更高一些。

此外，现在流行的按时间付费的自习室也非常适合成人学习。付费自习室的条件一般会比图书馆更好一些，而且既然是付费学习，我们大概会更珍惜这段学习的时间吧。

3．户外学习

除了家、图书馆、自习室以外，有些安静的小区角落和公园也非常适合学习，只不过去这些地方学习很容易受到天气因素的影响。我个人的第一部悬疑小说就是在我家附近的一个桥洞下面写完的，听着河水流过的白噪音，在笔记本电脑上打字写故事的感觉非常好，似乎时间和故事同时在一条长河里汇聚流淌，给人内心非常治愈的感觉。

当然，学习并没有规定必须在什么样的场合和环境下才能进行，我们可以挑选适合自己的或者自己喜欢的环境学习，只要你觉得在这个环境下能够更专注、更高效地完成学习任务，就没问题。

值得一提的是，你甚至还可以尝试时不时换个环境来学习。

美国密歇根大学做了一项实验：他们招募了一些学生，让这些学生学习一份由 40 个生僻单词组成的词汇表。这些学生被分为两组，一组学生在凌乱的地下室学习 10 分钟，然后到整洁的教室学习 10 分钟，另一组学生则不变换学习地点，一直在教室里学完 20 分钟，最后让两组学生一起考试。结果令人吃惊，变换了学习场所的小组，在 40 个单词的记忆中平均能够记住 24 个，而一直在教室里学习的小组，平均只记住了 16 个单词。变换场所学习的小组，记忆成效居然提高了 50%。

当然，这项实验的主要目的是测试学习场所对于学习效率的影响，并不是一条铁律，选择在什么样的环境下学习，还要根据个人的情况酌情选择，适合自己的才是最好的。

1.4

保持自我激励：积极的学习态度和驱动力

我在前文提到过，学习对于其他活动（尤其是娱乐）而言，是个见效较为漫长的过程，即便是为了考证、提升技能等阶段性的学习任务，时间也都在三个月到一年左右。我们在起心动念决定学习的最初阶段，也是我们学习热情最为高涨的时刻，这就类似作家，在有了某个乍现的故事灵感后决定将它写成一本书的时候，创作欲望处于巅峰状态。

但实际上，我们的学习热情也好，创作热情也罢，都不是一成不变的，都会随着时间的流逝而逐渐变淡，在每天枯燥乏味的学习当中，我们的学习热情会一点一点地损耗掉，直至没有。有时我们甚至会产生自我怀疑：我这么折腾到底是为什么？学这些真的有用吗？假如我辛辛苦苦学了半年，结果没有用上，或者根本无法达到我的期望，那这段时间是不是就白白浪费了呢？

自我怀疑会加速学习热情的消退，甚至会让我们的学习计划中断或被彻底放弃。因此，成年人在学习过程中，保持自我激励是至关重要的。自我激励不仅可以帮助我们克服学习中的困难，提高学习效率，还可以培养我们的学习热情和积极性。然而，保持自我激励并不容易，需要我们有一定的策略和方法。

学习的自我激励

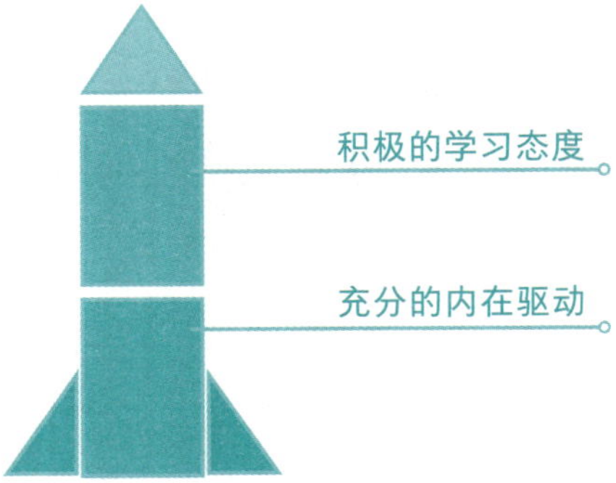

图 1-4

1. 培养积极的学习态度

（1）认识到学习的重要性。成年人想要保持高效学习，首先需要认识到学习的重要性。只有真正认识到学习对个人的重要性，才能激发内心的学习欲望。通过了解知识对于职业发展、个人成长和社会进步的推动作用，我们可以更加积极地投入学习中。简单来说，就是我们要坚信学习终将为我们带来改变的力量，最终达到我们所期望的成果。这就是我在开篇强调的要设置学习目标和期望成果。

（2）培养学习兴趣。兴趣是最好的老师。要想保持高效学习，我们需要选择自己感兴趣的领域和项目，这样我们才可以更加投入地学习和探索。如果你学习的内容是自己喜欢并感兴趣的类别，那么在学习的过程中，热情不仅不会消退，还会逐渐增加，因为你始终都能感受到自己学习的乐趣，而且还在学习的过程中强化了自己的兴趣和能力。

此外，每个人的大脑对学习输入方式的接受能力也不一样，有些人擅长视觉类学习，这类人非常适合通过看书、看图、看视频来学习；有些人则擅长听觉类学习，这类人非常适合通过老师授课、听音频课的方式进行学习。我们可以通过尝试不同的学习方式，如阅读、听讲、实践等，来寻找到最适合自己的学习方式，从而提高学习效率。

（3）保持乐观的心态。保持乐观的心态是保持高效学习的关键。在面对学习困难和挑战时，我们需要相信自己能够克服它们。通过积极思考和寻找解决问题的方法，我们可以不断进步。同时，乐观的心态也有助于我们更好地应对压力和挫折，保持良好的学习状态。

2. 找到学习的驱动力

（1）明确学习目标。要想保持高效学习，我们需要明确自己的学习目标。通过设定具体、可实现的学习目标，我们可以更好地规划自己的学习路径，激发学习的动力。同时，在达成目标的过程中，我们需要不断回顾自己的目标，提醒自己学习的意义和价值。这一部分内容我们在之前有过详细的论述，这里就不再赘述。

（2）寻找内驱力。内驱力是指来自内心的动力，是推动我们学习的关键因素之一。内驱力相当于汽车的发动机，能够源源不断地产生前进的驱动力，让我们在学习的道路上走得更远。既然内驱力是发动机，那么就需要类似汽油一样的燃料来驱动，我们可以通过思考自己的价值观、兴趣和目标，找到自己学习的内驱力。

举个例子：麦先生在大学读的是机械专业，当时是父母给他选的专业，选此专业的目的是毕业后能够更好地就业，但实际上麦先生感兴趣的是美术。参加工作以后，麦先生在一家车企做机械工程师，但对美术，他的内心始终有着难以割舍的情怀，所以他打算在业余时间开始系统地学习国画和工笔画。

由于美术是麦先生感兴趣的领域，而成为美术家又是他毕生的追求，因此他在学习美术方面就有着很强的内驱力，在学习的过程中，他乐在其中，进步神速。

试想一下，假如麦先生学习的是自己不感兴趣的财经类内容，那么每天除了上班还要早起晚睡地学习，久而久之，身心疲累，且不说学习效率低下，时间长了，极有可能会半途而废。

所以，在寻找内驱力时，我们需要关注自己的内心世界，了解自己的需求和动机。什么是我所感兴趣的领域？我的内心想要学习些什么？学习的内容对我的未来会产生怎样的积极影响？即便未来没有给我带来切实的利益，我是否依旧愿意用自己的宝贵时间去尝试？在想明白了这些之后，相信你所选择学习的领域本身就能为你提供学习的驱动力，你只需要坚持不懈、持之以恒地去实践就可以了。

（3）利用外部奖励和激励。无论如何，学习都是一件很苦的事情，它的甘甜和快乐大都到最后才会体会到，即便是学习自己感兴趣的科目，也不是一件轻松的事情。所以，除了内驱力外，外部奖励和激励也是推动我们持续学习的因素之一。

在学习的过程中，不妨为自己设置一些奖励机制。比如：今天完成了 48 个单词的背诵与默写，就奖励自己玩 10 分钟的手机或看一会儿电视。这些奖励虽然微不足道，却能够给学习中的我们带来小小的正向反馈，让我们的大脑分泌微量的多巴胺，从而感受到学习带来的愉悦感。

我个人因为长期需要写作，而且动辄就是几十万字的输出，所以在这个过程中也会感到疲累，我给自己的奖励就是吃橙子，每写完 3000 字就奖励自己在书房吃掉一整个橙子，当橙子的芬芳弥漫在狭小的书房时，我会感到前所未有的满足，因为这是属于我完成任务后独特的奖励，这种感受甚至会连同唇齿之间的香甜和空气中的味道一起深嵌在我的脑海中，成为我向下一个 3000 字发起冲锋的神奇动力。当然，为了保持橙子带给我的独特感受，在平时，我几乎不吃橙子，为的就是让这种水果成为专属于我在写作领域里的独特奖励。

在日常生活中，有奖就有惩，但我个人并不建议在学习中给自己设置惩罚机制，原因在于当我们没有完成当日的学习任务，没有获得奖励时，这对于天生厌恶损失的人而言，本身就是一种惩罚，更何况我们还要经受因为没有完成学习任务而带来的内疚感，实际上我们已经在经历着双重惩罚带来的痛苦了，实在没有必要再给自己设置一个惩罚机制了。

其实，我不建议大家给自己设置惩罚机制还有一个重要的原因，那就是如果在学习中受到惩罚，大脑就会形成“学习是痛苦的”这种脑回路，经过几次惩罚之后，大脑就会把学习和惩罚紧密地联系在一起，形成“学习 = 惩罚”的思维定式，这对我们的学习效率和积极性都会产生负面的影响。

第2章 掌握高效学习的方法和技巧（一）

2.1 快速记忆理解：了解大脑中的“记忆宫殿”原理

20 世纪 50 年代，美国心理生物学家斯佩里博士提出了左右脑分工理论，这一发现震惊了世界。斯佩里和他的学生在动物身上进行了著名的“割裂脑实验”，研究发现，大脑的左右半球具有相对独立的意识活动，左脑负责语言和逻辑思维，而右脑主要负责图像和想象力方面的思维。后来经过长时间的实验研究，左右脑分工理论被证实的确存在。1981 年，斯佩里博士因为左右脑分工理论获得了诺贝尔生理学或医学奖。

那么，左右脑具体负责哪些思维功能呢？

一般而言，左脑主要负责理解、记忆、时间、语言、分类、逻辑、分析、推理等，思维方式具有连续性、延续性和分析性，所以左脑又被称为“学术脑”“语言脑”“意识脑”。右脑主要负责空间形象记忆、直觉、美术、音乐、灵感等，思维方式具有无序性、跳跃性、直觉性，又被称为“本能脑”“创造脑”“艺术脑”。右脑就像是一个万能的博士，善于找出多种解决问题的办法，很多高级思维功能都需要右脑，把右脑的潜能开发出来，就可以挖掘出人类无穷的创造才能。

进一步研究发现，人类的左脑主要负责逻辑思维，而右脑主要负责形象思维，并且右脑的储存量是左脑的 100 万倍。右脑是我们人类最大的信息储存器，可惜的是，95% 的人在记忆和学习的时候，只用到了自己的左脑，人类的大脑就像是一座冰山，还有巨大的潜能“沉睡”在海平面以下。

所以，深入挖掘左右脑的智能区域是非常重要的。目前大脑潜能的开发项目和方法主要集中在右脑上。这里需要提醒大家的是，开发右脑的目的是最大程度地发挥右脑创造性的优势，让左右脑能够各司其职地协同合作，充分调动人脑的潜能，而并非用右脑思维去代替左脑思维。

说回到人脑的记忆原理上，人脑记忆主要靠大脑皮层的神经突触与突触之间的神经元连接，经常从事创造性活动的人的大脑神经胶质细胞就会很发达，比如科学家、速算大师、音乐家等，他们的神经末梢、神经突触数量也更多，神经元之间的连接更频繁。这证明大脑也是有肌肉记忆的，经常学习或经常锻炼记忆的人，相对而言大脑对应的记忆神经也会更发达，神经元与神经元之间的连接会更紧密，大脑的启动能力也会更强。

明白了大脑左右分工的理论之后，我们就应该把自己的记忆方式切换到右脑模式，用“图像+联想”的方式去记忆，效果会更好。

接下来我就讲一下记忆大师们都在使用的“宫殿记忆法”。

宫殿记忆法是一种古老且高效的记忆方法。这种记忆法最初源于古希腊，在那个还没有发明纸张和印刷术的年代，先贤们需要把所有的知识全部记在自己的大脑里，他们在自己的大脑里构建出一个虚拟的宫殿，用来分门别类地储存知识，效果非常显著。

宫殿记忆法的原理是借助客观世界中建筑物的空间外形，在脑海里建立此空间的影像，以此作为记忆的载体，也就是所谓的记忆宫殿。这个空间影像可以是我们熟悉的房间，也可以是从网上找到的一些房间效果图。

搭建好记忆宫殿之后，便可以存储知识图像了。这个过程我们可以想象成给我们的大脑买了一张内存卡。

宫殿记忆法其实没有我们想象的那么难，我们每个人只需要花一点时间就能轻松地掌握。只不过如果需要记忆的内容很多，就需要经常练习，反复在脑子里构建更大的空间，不断扩充自己的记忆宫殿。

那么如何构建自己的记忆宫殿呢?

宫殿记忆法隶属于三大记忆系统中的定位记忆系统。定位记忆系统涵盖了非常多的记忆方法，常见的有地点桩记忆法（宫殿记忆法）、身体桩记忆法、数字桩记忆法等。这些记忆法的原理是相通的，都是先在脑海里选择一个非常熟悉的东西，再将要记忆的内容与之相联系，从而形成稳定长久的记忆线索，每当需要记忆的内容一下子想不起来时，只需要查看记忆线索就能轻松地把记忆内容从我们大脑中调取出来。

1．第一步：选择宫殿

我们先从简单的级别开始练习，先在脑海里创造出一间小房间。记忆宫殿就是由很多这样的小房间组成的庞大宫殿。

图 2-1

2．第二步：确定顺序

让我们仔细观察一下图 2–1，假设它是我们在脑海里构建的第一间记忆房，让我们先从房间内部找出主要的物件摆设，然后用数字标注一下。比如：1. 吊灯，2. 台灯，3. 枕头，4. 床单，5. 被子，6. 椅子，7. 书桌，8. 窗户，9. 窗帘，10. 玻璃。

好的，现在让我们花一点时间把这些物体按照数字的顺序记下来，这对大多数人来说都是毫无难度的。如果你还想更简单一些，可以采用分组记忆，比如：1 和 2 分别是吊灯和台灯，它们都是灯具；3、4、5 分别是枕头、床单、被子，它们都是床上用品；6 和 7 分别是椅子和书桌，它们通常搭配使用；8、9、10 分别是窗户、窗帘、玻璃，它们可以分为一组。这样一来，10 个数字代表的物品被我们归为了四组，这样更加容易记忆一些。

3．第三步：信息与物体关联

接下来，需要把我们要记忆的内容和房间里的物体关联起来。假如我们需要记忆的是世界十大文豪：高尔基、歌德、莎士比亚、列夫·托尔斯泰、拜伦、鲁迅、泰戈尔、雨果、但丁、荷马。我们需要把十大文豪的名字和房间里的物体进行一一对应，用自己的方式让两者产生一定的关联性，当然这种关联性不一定具有现实意义，可能是临时想出来的，甚至可能会比较荒谬，但只要你觉得这样做能够很好地将两者关联起来就可以。

（1）吊灯——高尔基

关联联想：吊顶挂在房间最高的地方，高尔基名字的第一个字也是“高”，因此我们可以通过两个“高”将两者关联起来。

（2）台灯——歌德

关联联想：这个台灯是从哥哥家里拿的，简称“哥的”，与“歌德”谐音。

（3）枕头——莎士比亚

关联联想：想象演员们在全是枕头的舞台上演出莎士比亚的著名作品《仲夏夜之梦》。

（4）床单——列夫·托尔斯泰

关联联想：列夫托着耳朵在床单上思念太太，谐音“列夫·托尔斯泰”。

（5）被子——拜伦

关联联想：把被子卷成白色的轮胎，简称“白轮”，谐音“拜伦”。

（6）椅子——鲁迅

关联联想：在我们的印象中，鲁迅总是坐在一把椅子上，目光深邃地看着我们。

（7）书桌——泰戈尔

关联联想：泰戈尔在书桌前创作《飞鸟集》，有一只白色的鸟落在了他的书桌上。

（8）窗户——雨果

关联联想：你站在窗户旁，看到外面下起了糖果雨，简称“雨果”。

（9）窗帘——但丁

关联联想：想象一下但丁的《神曲》中描述了一个可怕的画面，在猩红华丽的窗帘后面是地狱的大门。

（10）玻璃——荷马

关联联想：想象在一个透明的玻璃柜里关着一只河马，简称“荷马”。

也许你会觉得这些关联想象过于荒谬和离奇，甚至还有点搞笑，但不得不说，人类的大脑对反常的东西有着更强的记忆能力。一只鸵鸟站在草原上并不稀奇，大脑也不会对这个景象记忆深刻，但如果你见到一只鸵鸟在城市的道路上狂奔，那种景象大概会让你终生难忘。

以上的关联联想只是一种记忆方法，实际上记忆宫殿的记忆方法有许多种，我们刚才在案例中具体使用的是谐音法和定桩法，除此之外还有代

图 2-2

替法、编码法、KEY 法、串联法等，感兴趣的同学可以自行学习。

你可以在大脑里构建多间这样的房间，用来分门别类地储存各种需要记忆的知识点，甚至可以给它们取个名字，如“物理之门”，这扇门里所有的房间都是关于物理的定律和重要知识点的。

随着记忆房间数量的增加，你会形成一个属于自己的记忆宫殿，当需要某个知识点的时候，可以随时从记忆宫殿里调用。想一想，这是不是很酷的一件事呢？

2.2 指读法：提升学习专注度

在某个阳光明媚的午后，你恰好拥有一段独处的时光，你泡了一杯咖啡或红茶，打开了最喜欢的音乐，然后惬意地躺在阳台的藤椅上，享受着属于自己的放松时刻。

这时候，如果看一会儿书就好了。你突然想起，因为忙碌的工作，自己已经很久没有拿起纸质书享受阅读的快乐了，就连家里那台黑色的Kindle（由亚马逊公司设计和销售的一款电子阅读器），也因为长期没有使用而沦为了压泡面的工具。

你的内心涌起一股莫名的内疚感，手指在书架上划过，最终选择了一本轻松易读的心理学书籍，这是你三个月前在网上买的，本想通过学习心理学来改善一下与同事之间的紧张关系，但买来之后就再也没有打开过。

今天终于有时间了，你翻开这本书，看了一下书籍的导言部分，发现自己看不进去，还是尽快阅读正文吧。可惜还不到五分钟，你发现书中的字符似乎变得涣散起来，你的目光时常从第5行跳到第6行，当你想控制自己的目光时，又发现自己不知道读到了哪里，刚刚看过的内容似乎马上就被自己遗忘了。

你的心里有些烦躁，开始抱怨这本书写得不够吸引人，甚至想丢在一旁。不远处的茶几上放着你的手机，它偶尔会发出轻微的消息声，你很难判断那到底是推送广告的声音，还是微信上有人在召唤，你心痒难耐，书里的内容更看不进去了。

终于，你又硬撑着看了五分钟，叹了一口气，把书放下，起身拿起了手机。当你的目光再次从手机上移开时，天色已经变暗，咖啡已然变冷，一下午的时间又被荒废在了手机中各种短视频和网络段子上。

你站起身来，揉着酸痛的双眼，看了一眼被丢弃在一旁的书籍，抿着嘴快速把它塞回了书架，像是有点对不起它一样。

类似这样的经历，几乎每个人都有过。我们应该把更多时间用来学习和阅读，刷手机对我们没有太多用处，这些道理每个人都明白，但我们的专注力似乎不足以让我们对抗手机，失去的专注力就像是我们退化的功能，也像是我们被废掉的武功，我们知道一招一式怎么打，但没有任何杀伤力了，我们暗下的决心，在手机丰富的内容和短视频面前，就像街头小混混面对火云邪神，简直如同笑话般不堪一击。

对普通人而言，失去专注力其实无所谓，他们跟随自己的本能行事，上了一天班回来就应该刷手机，就应该看视频，消磨时间，然后上床睡觉，紧接着第二天醒来继续上班，如此往复。但你不一样，你是一个想通过学习逆天改命的人，你是打算跳出舒适区的人，你是厌倦了这种循环往复、平凡人生的人，同时你也有自己的目标和期望。

成年人想要通过学习来提升自己，那就说明我们选择了一条并不舒适的路，并且我们没有太多的时间可供挥霍，因此我们最为重要的两个关键点就是“高效”和“专注”，这两个方面无论失去了哪一个，都很有可能导致我们的学习计划流产。

在这个信息过载的时代，提高学习效率当然尤为关键，但专注度同样非常重要，为了提升学习的专注度，我们甚至不得不让自己的行为降级，重新培养专注力。

还记得我们小时候是如何读书的吗？我们阅读课文的时候，老师总是让我们伸出手指，眼睛顺着手指的方向一字一句、一行一行地读，这就是指读法，它是一种被证明可以显著提升学习专注度的方法。

通过有目的地用手指指向文本中的关键部分，你可以在阅读和学习的过程中更加集中精力。指读法能够让我们丢失了的专注度重新回到我们的身上。当然，作为成年人，我们运用指读法需要更快的速度，更高的效率，同样会加入更多的技术要求。

1．指读法的原理

指读法基于人类的感知和运动系统之间的关系。研究表明，当我们的手指指向某一信息时，我们的大脑会更加集中注意力于手指所指的位置。我们可以在学习中引导自己的注意力，更加有针对性地获取信息。

2．如何使用指读法

指读法并不复杂，但需要一些练习。选择一个适合的手指，通常是食指或中指。这样做的目的是确保手指不会遮挡太多文字，同时保持指向的准确性。

在阅读过程中，用手指迅速而准确地指向每一行或每一个段落的开头。这个动作应该是自然而轻松的，不要太过用力，以免分散注意力。在学习关键信息或需要深入理解的部分时，停下来，用手指指向这些内容。这有助于集中注意力，让你更深入地思考和理解。

指读法并不意味着你需要放慢阅读速度。相反，它可以与较快的阅读速度相结合，帮助你更快速地捕捉关键信息。

指读法不只适合阅读学习，也可以在其他学习场景中发挥作用。比如，在听讲座时，你可以用手指跟随讲师 PPT 的思路，强调重要观点并记忆。在做笔记时，对于重点信息，通过使用手指指向要强调的信息，然后针对性地标记重点，再次整理笔记，便于复习。

通过学习和灵活运用指读法，你可以更好地管理注意力，提高学习效率，甚至还会逐渐找回缺失的专注力。运用这种方法一段时间之后，你会神奇地发现，自己即便不用手指，也能沉浸在学习中，并且专注的时间变得更长了。

2.3

分块学习法：将知识模块逐个击破

当我们下定决心学一门新的语言、新的职业技能时，或者是下定决心考研、考公的时候，总是激情满满，似乎拥有无限的动力，但当一摞摞学习资料真正摆在面前时，我们内心又会生出一种直面学海无涯的无力感。

这么多书、这么多资料，或者说这么多要学习的内容，我们该从哪里开始呢？不要怕，无论多少知识量，我们都可以用分块学习法来解决。我们可以把要学习的内容比作一座山，想要搬动这座山很难，但我们可以把这座山切割成搬得动的小石块，然后每天只需要低头重复搬小石块就好了，过一段时间你回过头来再看，发现自己居然用愚公移山的精神啃掉了“王屋太行”的一角，这种满满的成就感会激励着你继续朝着目标前进。

分块学习法是一种将大量信息分割成小块，以便更容易处理和记忆的学习策略。具体做法是将信息切分成较小的单元，这个较小的单元称为“块”，每块包含一组相关联的信息。通过集中注意力处理小块，可以提高信息的吸收、记忆和理解效果。不仅如此，被切分成块的知识点也便于学习者采取分而治之的策略攻克。该方法利用了人脑对信息处理和记忆的特点，将复杂的内容变成简单易懂的内容，从而提高学习效率。分块学习法就像是吃比萨，我们先把整个比萨划分成若干小块，然后逐个吃掉。

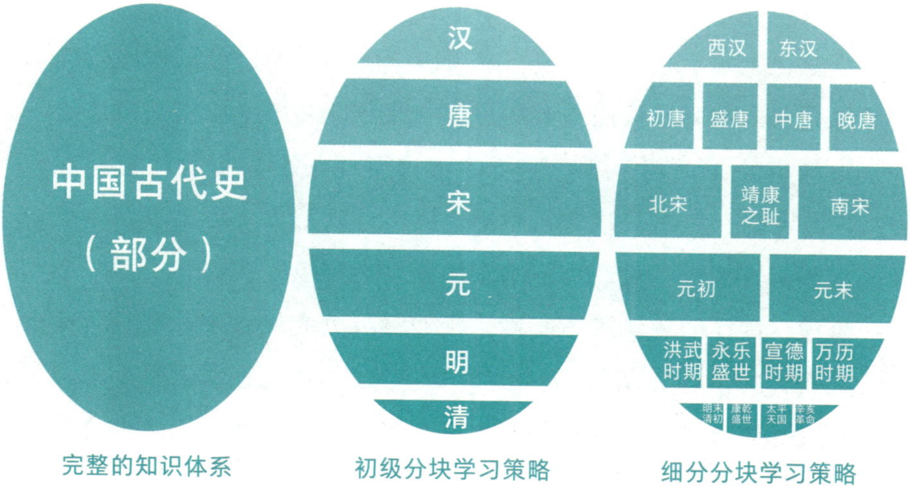

图 2-3

无论我们学习的内容是什么，想要正确地把知识分块，首先需要理解整个知识系统的层次结构。在学习新知识的时候，理解整个知识系统的层次结构非常重要。

如图 2-3 所示，整个中国历史时间跨度极大，涵盖朝代众多，如果想要学习中国古代史，首先要按照主要朝代划分为夏、商、周、秦、汉、晋、隋、唐、宋、元、明、清，梳理出中国历史的时间线，这样我们就能清晰地看到是哪些朝代构成了中国历史的主要篇章。

其次，我们要将整个知识体系进行初次分块，分块数量不要超过 7 个，这样方便我们更好地处理和记忆。当我们对初次分的块有个大概的了解之后，可以把每个分块进行再次分割，细分成我们需要着重掌握的细节知识。

如图 2-3 所示，我们可以把每个朝代的主要阶段划分出来。比如，汉朝经历了西汉、东汉两个主要阶段，唐朝可粗略划分为初唐、盛唐、中唐、晚唐四个阶段。我们可以按照阶段来划分，也可以按照重要历史事件来划分，毕竟历史是由一连串的事件组成的，某些重要的历史事件甚至影响着历史的走向。大脑天生对故事非常敏感，我们可以把重大历史事件当成故事，当某个朝代经历了某个故事之后，随即就进入了下一个阶段。这样的逻辑思维能够让我们将历史的前后阶段用某个耳熟能详的事件关联起来。比如，安史之乱就是唐朝走向没落的一个标志性事件，从这件事之后，唐朝元气大伤，从而走向了衰落。

当把知识体系细分到这一步的时候，我们就可以将注意力集中在某一块的细节上进行学习和记忆了，这样能够确保我们在某个时间段沉浸在这个模块中学习，避免我们在不同模块之间频繁切换，分散我们的注意力。

还以学习中国古代史为例，当我们把其划分两次之后，我们就可以集中精力从某一朝代开始学习，学习的主要内容包括该时期的政治文化、国民经济、重大事件、杰出人物等。整个学习过程中，我们都沉浸在这一历史时期，不会跳转到其他朝代，去接触和学习其他朝代的知识，从而保证了学习的效率和效果。

我们可以利用图像、图标来进行辅助学习，将信息可视化。例如，当我们学习完东汉的历史之后，可以用笔将东汉的小块涂黑，我们涂黑的块状越来越多，表示我们掌握的历史知识越来越多，这是一件让人欢欣鼓舞的事情。此外，学习的过程中还可以充分利用网络资源，现在网上有很多网友制作的各个历史朝代的时间线，这些时间线可以帮助我们巩固记忆。

需要注意的是，在我们着重学习完某一模块后，先要进行短期的复习，确保所学内容自己完全掌握之后，再进行下一模块的学习。定期定时学习，重复复习，有助于加深记忆。

此外，分块学习法还能够克服认知过载的问题。因为庞大的信息量可能会导致认知过载，让我们产生畏难情绪。把这些信息分解过后，每个小块看起来都不是特别复杂，从而让我们更有信心地学下去。不仅如此，处理每个小块的学习内容，还能够帮助我们深化记忆，因为大脑更容易处理和存储简单的小块信息。

在学习的过程中，随着小块学习内容的逐个被攻破，我们也能够更深入地了解整体概念，大脑会对我们学习的内容进行归类关联，当我们需要用到某类知识时，大脑会很顺利地找到那个相应的模块。就像图 2–3 所示，如果我们是按照图示的方法去分解和学习中国古代史的，当我们在应用过程中需要回忆相关内容时，比如唐朝的“贞观之治”，脑海里首先出现的就是一个椭圆形的结构，然后“贞观之治”的内容就储存在第二排中间的“盛唐”位置。

分块学习法的使用范围非常宽泛，几乎适用于所有的学科和技能的学习，不仅是需要大量记忆的文科，即便是特别复杂的学科，例如数学、物理、计算机科学等领域，我们也能用分块学习法将庞大的知识体系分解成小块，然后一块一块地征服它们。如图 2–4。

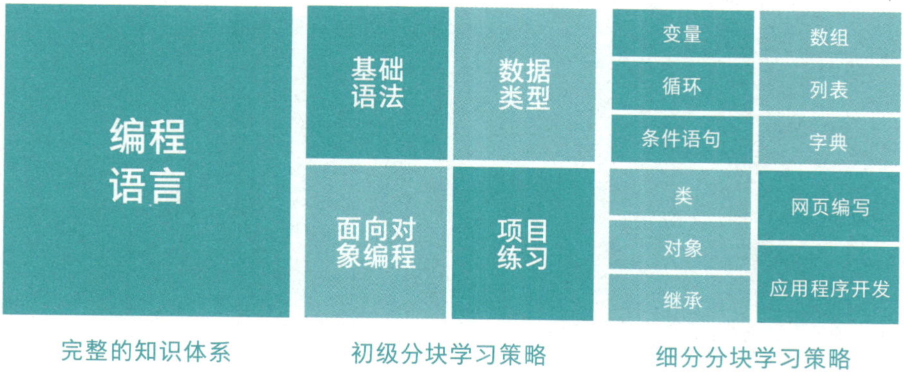

图 2–4

以学习编程语言为例，学习目标是掌握一门新的编程语言。分块学习法可以将这个目标分解成以下小块：

（1）基础语法：学习语言的基本语法规则，如变量、循环和条件语句等。

（2）数据结构：了解语言中不同的数据结构，如数组、列表和字典等。

（3）面向对象编程：学习面向对象的概念，包括类、对象和继承等。

（4）实际项目练习：将所学应用到实际项目中，如创建一个简单的网页或应用程序。

通过逐个攻破这些小块，我们可以逐步掌握整个编程语言，而非试图一次性掌握所有的知识，从而提升学习效果。分块学习法有助于化解复杂学科或技能的挑战，使学习过程更为轻松而高效。

2.4

快速刷书法：高效拓展学习宽度

前段时间，网络上有一个广为流传的搞笑视频，在一间教室里，所有的小学生都在认真地背诵课本，坐在最后一排的小男孩却和别人不一样，他把一本书摊开放在了桌子上，规规矩矩坐直了身体，闭上眼睛，表情无比虔诚，接着，他的双手在摊开的课本上轻轻划过，像是把书本上无形的知识轻轻捧在了自己手里，然后举过头顶，倾洒在了自己的头上，他一边做着这样的动作，一边嘴里还念念有词，似乎正在祈祷这些知识不用背诵，就能够通过自己的动作全部倾注在自己的脑海里。

虽然这个视频非常搞笑，但许多成年人看完后纷纷留言，表示可以理解，因为小男孩的心愿正是自己小时候的心愿，作为学习压力很大的学生，真心希望能够通过某种仪式就把书本上的知识快速灌输在自己的脑子里。

可惜，就目前来看，这种“技术”仅存在于科幻小说中。但是，脑科学家和研究高效学习的专家学者们不会就这样等待科技的更新迭代，他们在寻找一种更快的读书学习法门，希望能够在这个极其讲究效率的年代为学习者节约一点时间，减少一点学习的苦。

快速刷书法也叫速览法、速读法，它是一种来源于认知心理学、信息处理理论以及学习理论等领域的共同研究成果，由学术界和教育界对学习效率提高的研究和探索总结而成，对提高学习速度、拓展学习广度有着至关重要的帮助，因而备受青睐。

快速刷书法是一种系统而迅速的学习技巧，旨在通过快速阅读获取一本书的主要观点、核心概念，以便更迅速地掌握大量知识。它并不是简单地快速翻阅，而是一种注重筛选、提取和理解的高效学习方式。

通过迅速扫览整本书，抓住章节标题、关键段落和图表等，着重捕捉关键信息，如主旨、重要概念、论证框架等，忽略细节，形成对书籍主要内容的整体把握。

随着世界上信息量的爆炸性增长，传统的深度阅读显得过于耗时。快速刷书法能够帮助我们在较短时间内了解更多的知识，提高学习效率。不仅如此，在信息爆炸的时代，及时获取大量信息变得至关重要。快速刷书法使我们能更好地适应信息时代的学习要求，迎接知识的不断更新。此外，我们可以通过快速刷书法拓展学习广度，涉猎更多学科领域，增加对多元知识的理解。

接下来，我们通过案例来学习如何运用快速刷书法来拓宽我们的学习维度。如图 2–5。

快速刷书法的关键步骤

图 2–5

1. 设立明确目标

在快速刷书之前，明确学习目标非常重要。设立清晰的学科范围或主题，能够帮助我们更有针对性地进行快速阅读。

假设在一个学习目标中，我们需要快速了解关于我国刑事诉讼法和《公安机关办理刑事案件程序规定》等法律、规章及其实际运用的内容，我们光是学习这些法律、规章就会遇到两个问题：一是条文枯燥，不容易记忆；二是缺乏案例佐证，无法和实际情况联系在一起。

因此，我们需要阅读一些旁证资料。在所有关于刑事诉讼法实际应用的书籍中，我们选择了《刑事侦查学》和《刑事侦查实训指导》两本书作为辅助资料。

这类在我们学习过程中不是必考项目，只是用来拓宽我们的眼界、思路，甚至是帮助我们记忆主要科目的书籍，称为辅助资料。既然是辅助资料，我们就不用精读，只需要快速浏览一遍，提取自己想要了解的主要信息就可以了。

2. 运用有效工具

利用技术手段，如速读软件、摘要工具等，可以进一步提高刷书的效率。这些工具能够帮助我们筛选信息，将注意力集中在关键内容上。

我们以《刑事侦查实训指导》这本书为例。我们在图书购买平台查阅了一下这本书的价格是一百多元，作为拓宽视野的辅助资料，之后被使用的机会不多，因此没必要购买纸质书，阅读其电子版即可。我们在某个读书平台中搜到了这本书的完整电子版，且是免费开放给读者阅读的。

目前主流的读书软件大都有阅读功能，我们可以通过快速刷书法浏览一下全书内容，再根据自己的实际需要，有针对性地精读某一部分内容。当然，也可以选择听书，但听书的速度比看书慢，它只适合在某些特殊场景使用，比如开车、做家务、运动的时候。听书时可以根据自己的情况适当调整播放速度，通常最佳速度是 1.5 倍速。

3．制订时间计划

快速刷书并非漫无目的地阅读，而是需要有计划地安排时间。设定每本书的阅读时间，保证高效率地完成刷书过程。

《刑事侦查实训指导》这本书的电子文档一共有 600 页左右，我们首先看一下导言和目录，了解整本书的大体结构。这本书大体可以分为两大部分：前 300 页是对我国刑事诉讼法和《公安机关办理刑事案件程序规定》的解读和实际应用注意事项（这正好是我们想要了解的内容），后 300 页是具体的刑事侦查案例，在各种案例中再次呈现刑事侦查的全部流程和需要注意的事项，以及容易出错的地方。

了解这些之后，我们就把刷书的重点放在前 300 页，这样一来，我们的学习内容一下子就减少了一半。我们再根据前 300 页的内容，给自己制订一个 2 小时计划，通过 2 小时的快速浏览来刷完这本辅助资料。

4．深度学习关键内容

快速刷书的目的是获取全局认知，并不是一味地讲究快，而是一种选择性、战略性的拆检和筛选，不重要的和用不上的内容快速略过，但在学到某一领域的核心概念后，务必进行深度学习，以巩固知识、理解细节。

《刑事侦查实训指导》这本书第一章是“刑事侦查程序”。这是我们需要着重了解的内容。为了更清晰地讲解如何快速刷书，我们摘选了第一章“实训项目——案件受理与立案”中的“刑事案件的来源”的内容：

公安机关受理案件的来源多种多样，有公安机关自己发现的，也有群众提供的；有犯罪嫌疑人自首供述的，还有其他部门移交的。归纳起来主要有以下方面：

（1）公安机关发现。主要是指公安机关在日常侦查破案、治安管理等工作中发现的一些犯罪线索和犯罪嫌疑人。

（2）公民扭送、报案、控告和举报。扭送是指有关单位和个人当场或事后将犯罪嫌疑人强行扭送到公安机关的行为。

（3）犯罪嫌疑人自动投案、举报和揭发。自动投案是犯罪嫌疑人作案后，主动向公安机关投案，如实交代自己的罪行，并接受审查和裁判的行为。

（4）其他国家机关移送。实践中，除了上述来源外，公安机关有时还会通过其他国家机关移送的途径接受案件材料，如工商、税务、审计、监察、纪检等部门在日常工作中发现并移交公安机关追究刑事责任的案件，包括上级部门交办或相关部门移送的案件等。

从以上摘选的内容中，我们很快就发现了一个规律，每段内容的第一句话就是整段话的核心，其余内容都是对这个核心的解释和释义，因此我们只需要阅读记忆核心即可，后面的内容可以忽略。

这样一来，上述摘选的内容就可以精简为：

刑事案件的来源有：（1）公安机关发现。（2）公民扭送、报案、控告和举报。（3）犯罪嫌疑人自动投案、举报和揭发。（4）其他国家机关移送。

由此，我们将一段 350 字左右的内容缩略为只有 60 字左右的内容，记忆难度大大降低。

很多教学类书籍大都按照这样的格式成文，作者会把所有的概念进行梳理，按树状结构排列，然后依次展开，最后添加“枝叶”说明。快速刷书法的秘诀就是能够自动忽略“繁茂的枝叶”，抓住“树根”“树干”“树枝”。

5. 多元化学科涉猎

利用快速刷书法还可以涉猎不同学科领域，跨界融合知识，为自己构建更为全面的认知结构。

当我们熟练运用快速刷书法之后，就可以在不同的学科领域横向跳跃，无论看起来多么复杂的学科、多么厚重的资料、多么曲折离奇的故事情节，我们都可以轻松破解它的内在结构，如同庖丁解牛般在各类知识里游刃有余。

我们只要知道，小到一段话、一篇文章、一个故事，大到一本书、一个学科，都有自己的逻辑结构，字数的多少只代表它在这个学科和领域里讲解的细致程度，并不代表这本书或者这个领域知识的难易程度。真正深奥难解的，反而是最简单的东西。比如数学里那些简洁优美的公式；再比如量子领域里看似简单的定律。

第 3 章 掌握高效学习的方法和技巧（二）

3.1 利用多种资源和媒体学习

15世纪，德国的约翰·古腾堡发明印刷机之后，印刷了上百本《圣经》，当他的徒弟们怀揣这些《圣经》在欧洲各个城市的街头兜售的时候，竟然被当地的警察抓了起来，因为警察认为，一个普通人是不可能同时拥有两本以上《圣经》的。

在那个没有印刷机的时代，书本是极其昂贵的奢侈品，尤其是《圣经》，更是少得可怜，就连有些教堂的牧师，拿在手里的都是破破烂烂的手抄本。

而如今，在这个信息爆炸的时代，我们每天接触到的信息量几乎是古人一生接触的信息量，但我们比古人更优秀吗？我们比古人更快乐吗？我们比古人更擅长学习吗？这些问题无人能给出准确的答案。

如今，互联网上有着地球上几乎所有的信息。只要你想，你可以自由学习任何一门技艺。

如果你想学英语，你几乎可以不花钱就能在网上找到很多免费的学习资料，还有很多优秀的博主做的课件、视频，他们将知识以文字、图片、视频、音频等形式呈现出来，以满足我们的需求和喜好。

如果你想学插画，程序员为我们开发了很多真实模拟笔触的软件，几乎涵盖了所有能用到的画笔和插件，我们只需要人手一台平板电脑和一支电容笔，几乎就拥有了可以无限延伸的画布和所有的笔触。更别提还能免费下载无数画师、无数风格的教程，供我们临摹、学习。

知识几乎以一种最低成本的获取方式摆在我们面前，我们只需要弯腰就能拾取，人类文明如同成熟的稻谷，在这个时代恰好沉甸甸的谷穗垂在了我们的嘴边。对于想要学习和精进的人而言，这几乎是最好的时代。

当然，互联网的蓬勃发展，让信息变得唾手可得的同时，也让信息筛选变得更加困难。我们在学习之前，要具备筛选和检索信息的能力，如何在知识的海洋里快速找到自己需要的信息，如何合理利用互联网和媒体进行高效学习，是我们这一代人亟须掌握的技能。

所有人都在告诉我们要学习，但却没有人告诉我们该如何学习。如今，学会利用互联网和新媒体学习已然成为成年人自学的必备技能。为了能够简明扼要地说明如何利用互联网和新媒体进行学习，我们把整个过程分为五个部分：定位——筛选——输入——加工——输出。

1．定位：精准定位自己即将要学习的领域

互联网被称为浩瀚的信息海洋，我们终其一生也无法像人工智能那样全部学完，我们必须有“日进一步”的耐心，同时也不能太过贪心。所有的信息在互联网上都有一个模糊的边界，不同的知识领域会在不同的“海域”出现，我们必须知道自己要学习的内容在哪一片“海域”，才能精准地将航船行驶过去，以便在这片“海域”顺利“捕鱼”，满载而归。

举个例子：如果你是一个 20 ~ 25 岁的男性，平时喜欢足球、篮球等体育项目，闲暇时也爱玩游戏，那么你大概率听过“虎扑”这个 APP，这里是男人的集中地，该 APP 所运营的垂直领域主要就是面向男性的，里边的新闻、帖子等也都跟男性密切相关，体育、游

戏、二次元动漫、军事、模型等都是主力板块。

如果你是 30 岁左右的男性，准备买一款汽车，那你一定会看“汽车之家”或“懂车帝”，因为这里有大量的车友分享自己看车、买车、用车的真实经历和感受，还有很多关于汽车的优惠信息和试驾评测，能够为你提供买车的参考。

学习也是一样，如果你想学习平面设计，那么一定要去“站酷”“PS 教程网”多看看，那里有很多高水平的设计作品，也有很多免费的平面设计教程，供新手学习和观摩。

成年人开始自学之前，首先要给自己做定位，即我将要学习的是什么领域。考公、考研、插画、设计、音乐、写作、视频剪辑、法律、烘焙……找到自己要学的领域，把要找寻的信息板块精确到某一个点，才能进行下一步。

2. 筛选：如何精准筛选到适合自己的学习内容

学习是拓展“知识公开区”的过程。我们要将别人知道的知识变成自己的知识；未来，我们会将自己的知识输出成为别人想知道的知识。

著名的乔哈里视窗理论，将人际沟通比作一扇窗子，通过两个维度——“自己知道、自己不知道”和“别人知道、别人不知道”，将沟通分为四个区域：公开区、盲目区、隐秘区、未知区。虽然这是关于沟通的技巧和理论，但同样适用于学习领域。如图 3-1。

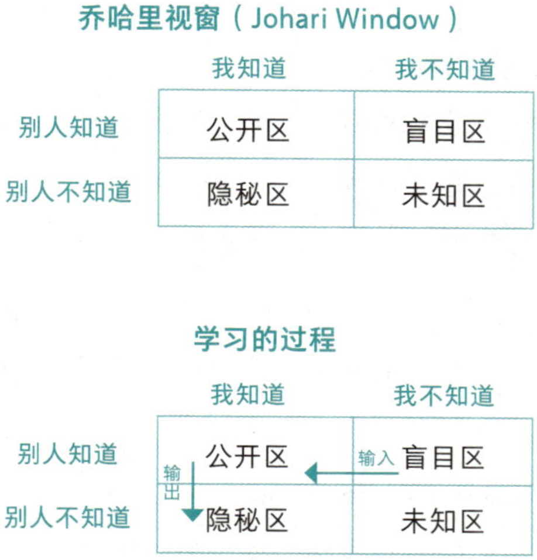

图 3-1

我们在开始学习之前，都会先给自己列一个书单，这样我们在学习的过程中才不会南辕北辙或者走偏。利用互联网学习也是同样的道理，我们需要先找到适合自己学习的网站或者论坛。

选择网站是开始学习的第一步，非常重要。以下是成年人自学常用的网站介绍，你可以根据自己的实际情况选择适合自己的网站进行学习。当然，以下列举的网站不可能涵盖所有的学科，如果你的学习科目比较冷门，也可以通过搜索、朋友介绍等途径找到这个领域里较为出色的网站进行学习。

（1）网易云课堂（study.163.com）

网站特色：提供了丰富多样的在线课程，涵盖了从编程、设计到语言学习等多个领域。与许多知名高校和培训机构合作，课程质量较高。

适合人群：广大用户，特别是希望掌握不同领域知识的自学者。

核心亮点：课程丰富，用户评价和评分系统有助于自学者选择高质量课程。

（2）慕课网（imooc.com）

网站特色：专注于技术和职业培训，提供了大量的编程、前端开发等课程。内容通俗易懂，适合初学者。

适合人群：计算机科学、互联网技术的学习者，尤其是想要系统学习编程和技术的自学者。

核心亮点：明星教师、实战项目，课程更新频繁，内容实用，用户社区活跃。

（3）知乎专栏（zhuanlan.zhihu.com）

网站特色：由知名问答社区知乎推出的在线学习平台，课程内容由知名专家、行业大咖提供。

适合人群：对知识分享感兴趣、喜欢从专业角度学习的用户。

核心亮点：与知乎社区结合，提供实用性强的知识，涵盖领域广泛，强调实际应用。

（4）51CTO 学堂（edu.51cto.com）

网站特色：以技术类课程为主，覆盖了计算机、网络、安全等多个领域，有许多专业的 IT 技术课程。

适合人群：IT 从业者和计算机科学领域的自学者。

核心亮点：专业领域深，由业界专家提供实战性强的课程。

（5）中国大学 MOOC（icourse163.org）

网站特色：由中国多所高校合作推出的在线学习平台，提供了丰富的学科课程，包括人文、理工、经济等多个领域。

适合人群：对传统学科感兴趣的自学者，以及希望接触高校课程的学生。

核心亮点：课程来自高校老师，涵盖多个学科，强调理论学习，适合追求系统性知识学习的人。

在选择学习平台时，建议根据个人兴趣和学习需求，结合平台的特色和优势，选择最适合自己的学习平台。此外，我们可以咨询身边的同事和朋友，看他们有没有自学的经历和经验，若有，可以直接向对方请教哪些互联网资源适合学习。若是身边没有志同道合的学习伙伴，可以在知乎、豆瓣、小红书等平台输入关键词进行检索，寻求该领域内专业人士的建议，或者进入相关学习群，与里面的学习者共同精进，这样能够让我们少走弯路，少踩坑。

举个例子，比如你想学习数据分析，那么在知乎上搜索该关键词，即可找到对应的话题。在精华问题“如何快速成为数据分析师？”的高赞回答里，就有相关的学习书单和学习资源分享。

3．输入：如何有效吸收新知识

在确定了学习书单、网络学习平台之后，我们就可以正式学习了，这是相当关键的输入环节，如何合理地运用手边的各种学习资源，科学地分配学习时间，同样非常重要。

我们不能一直盯着书本枯燥的知识死记硬背，也不能一直在 bilibili（哔哩哔哩，一款影音视听类 APP，以下统称为 B 站）上看某个喜欢的博主的讲课视频。作为成年人，我们的时间是碎片化的，我们要将学习资源合理地嵌入碎片化的时间里，实现“无缝链接式”的学习。

举个例子：小柯是个新媒体编辑，同时也是一位养育 2 岁孩子的宝妈，她希望利用业余时间学习创作短篇小说，为自己增加副业收入，同时也能够为自己的职业发展拓宽道路。

小柯的定位非常清晰，学习目标就是短篇小说创作。

她选择学习的书单有:《成为一名作家》《小说的骨架》《短篇小说写作指南》《拆解一切故事写作》。

她选择刷书的网站是"豆瓣阅读""南瓜故事屋""每天读点故事"这三个 APP。

小柯梳理了一下自己每天能够用来学习的时间，分别是：早上 6：00—8：00，中午 12：30—下午 2：00，下午 5：00—5：30，以及晚上 9：00—12：00。

这几个时间段的时长分别是 2 小时、1.5 小时、0.5 小时和 3 小时。因此小柯的每天学习计划如下：

早上 6：00 起床，洗漱完毕后坐在书桌前，开始阅读书单中的书籍，准备两种颜色的划线笔，荧光黄和荧光绿，分别标注书中的重点内容和需要再次复盘的内容，一边阅读学习，一边做笔记，以便加强记忆。

中午 12：00 吃饭，一般情况下 12：30 就可以坐在自己的办公桌前，利用午休时间收看她在 B 站和今日头条关注的几个写作教程类博主的视频课程。

下午 5：00 到 5：30，小柯坐地铁回家，她会在路上收听在喜马拉雅或播客 APP 中订阅的关于案件、新闻、奇闻逸事类的频道，为自己小说的创作提供一些"新鲜"的思路和灵感。

晚上 9：00，做完家务，孩子入睡之后，她会来到自己的小书房，打开电脑，开始创作。当然在开始创作之前，她会给自己设定一个番茄钟，每写半个小时就休息 5 分钟，写作时间直到晚上 11：00 结束。

剩下的一个小时，她会躺在床上看一会儿小说，或者快速刷一些书目，一方面学习别人的写作技巧，另一方面用快速刷书法扩展自己的知识边界。

从小柯的案例中我们发现，她把每天自己能够掌握的学习时间按照长、中、短分为了三种，然后根据时长规划了相应的学习内容。这些内容包含了实体书的学习、视频课、音频课和刷电子书，还留出了一定的时间进行实践，可以说非常科学、合理。

4．加工：如何巩固记忆和学习的效果

知识并不是学到以后就永远属于我们了，遗忘是学习者最大的敌人。我们需要及时进行思考复习，将短期记忆变成长期记忆。

当我们学习某种知识时，大脑的神经元突触之间会产生相应的电流，学习的内容会以电信号的方式暂时储存在大脑中。这样的电流在大脑中每天要闪烁亿万次，什么样的记忆会更牢固呢？当然是那些在同一个神经元突触上多闪烁几次的记忆。随着闪烁次数的增加，负责记忆部分的神经元突触会变得更强壮。

也就是说，记忆是可以通过不断重复的方式来人工加强的。这就是复习带来的效果。

德国心理学家艾宾浩斯经过研究发现了遗忘曲线，它揭示了人类大脑对新事物遗忘的规律。该曲线告诉我们，遗忘在学习之后就立即开始了。

既然无法避免遗忘，那如何“加工”新知识才能强化我们的记忆呢？

第一步，将杂乱无章的笔记梳理得井井有条，符合逻辑。比如，合并重复的内容，按时间线或由浅入深的原则将要记住的东西重新排序等。

人的大脑天生喜欢有序的、有规律的东西，反感无序的、杂乱无章的东西。比如，一篇文章开头介绍了自己的某个观点，然后用 1、2、3 条论据来论证和支撑这个观点，大家读起来就会觉得逻辑清晰、思路顺畅，也就更容易接受这个观点。反之，如果一篇文章东拉西扯，逻辑混乱，读者根本看不下去，更遑论能够接受这个观点了。

举个简单的例子：

下列两组数字，你更容易记住哪一组?

第一组：2 5 6 9 1 3 8 7 4 0

第二组：1 2 3 4 5 6 7 8 9 0

第二步，用已经熟悉的知识把新学的知识关联起来。

我们越是能够把新知识和旧知识关联起来，就越能够牢固地掌握新知识。其实万物之间都有一种神奇的共通性，我们可以巧妙地利用这一点，在新、旧知识之间拉出一条共通的线条，将两者的关联性找出来，联系在一起，这样去记忆东西，想忘记都很难。

举个例子：麦先生曾经在杂志社从事排版工作，因为长期接触文字，所以也想学习故事创作。在学习创作的过程中，他面临大量的故事情节编排知识要记忆，这对于他来说很难。于是，他开始借助自己以前掌握的排版知识，试图把新知识以卡片的形式排列起来，在这个过程中，他发现了两者之间神奇的关联性。

排版工作类似于美工，讲究各个版面之间的协调性，一个版面的图片、文字组合形式有很多种，不同的组合形式呈现出的效果是不尽相同的，这和故事创作中编排故事场景的先后顺序以及每个场景出现的体量有异曲同工之妙。

当麦先生把两者联系在一起时，有种恍然大悟的感觉，在创作过程中，他很容易就将排版结构思维和故事场景结构联系在了一起，让自己的故事和杂志的排版一样，更有逻辑性，也更具有美学结构。

你还可以利用笔记梳理法，把学到的知识画在一张图上，方便记忆，因为人对图形比对文字印象更深刻。总之，在这个步骤中，我们的主要工作就是负责把知识可视化、逻辑化、结构化，让它们组成使我们更容易记忆的“队形”，成为我们大脑中随时可以调用的“私有财产”。

5. 输出：如何检验自己的学习效果

在学生时代，你是否有过这样的困惑：班上有的人勤奋过人却成绩平平，有的人看似偷懒却总是成绩名列前茅；自己明明把课本内容背得滚瓜烂熟，最后却还是考砸了。

其实，你以为倒背如流就是掌握了书本知识，不过是被“学习流畅感”蒙蔽了双眼，误以为自己已经理解透彻。等到考试的时候，题目稍微变化一下，才发现自己原来不是真的懂。

《认知天性》一书提到：精通一件事情，既需要掌握已知，又需要清楚如何运用已知。“实践是检验真理的唯一标准”，而输出正是运用已知的实践过程。有哪些输出方式来检验自己的学习效果呢？

方式 1：卡片输出

抽认卡是一小块纸片，用来记录词汇、历史事件、公式等。在卡片正面写下问题，在卡片背面记下答案，然后用来测试自己能否回答卡片正面的问题，再根据测试结果进行排序分组学习。

高三那年，为了用上从教室到宿舍那段路步行的时间，我会将当天所学的知识简要抄写在便签纸上，路上边走边复习。等熟悉到能脱口而出，就把该便签贴在宿舍墙上，过一段时间再快速复习一遍，查漏补缺。

成年人大概不会有这般闲工夫手抄学习笔记，再说随身带着一堆卡片也不方便。不过互联网科技可以帮你“偷懒”：Anki 软件就是线上抽认卡，一款上班族和学生党必备的知识记忆工具，使用方法不在此赘述，大家可以去网上搜索一下。

制作抽认卡不仅可以帮助我们复习、巩固记忆，还可以作为文章输出的素材来源。

方式 2：框架输出

框架输出是指按照自己的理解和需求，归纳整理书中的内容。具体而言，是将一本书分为主干、书摘、感悟等，将它们重组再关联。

幕布当属框架神器。头条号联合幕布在后台的“功能实验室”推出大纲笔记功能，帮助写作者梳理思路、整理要点、管理任务、创作内容，更可一键生成思维导图，轻松实现发散思考和可视化表达。

梳理知识框架就像建筑师一样，先要把设计图画得周密详细，建造出来的房子才能牢固。

方式 3：文章输出

写文章算是最高级的输出方式。从阅读者转变为创作者，需要极高的运用知识的能力。这种方式对于自学者非常重要，也关系到我们未来能否学以致用，去实现自己的目标。

文章输出分为两种形式：一种叫“私密写作”，如写日记、随笔等，用于个人私藏、记录或记忆；另一种叫“公开写作”，如在微博、朋友圈、公众号等地方公开发表文章。

在自媒体时代，无论是为了强化学习效果还是打造个人品牌，我们都应该养成公开写作的习惯。理由如下：

（1）借助外部压力，提升自己的写作水准。写日记的时候，你几乎没有任何压力，不会在乎结构是否合理，逻辑是否严谨，用词是否准确，语句是否通顺，很容易放松自己而难以写出好文章。

（2）借助外部反馈，优化自己的写作技巧。一篇文章公开发表后，你可以立刻获得真实世界的反馈，如点赞数、阅读数、分享数、评论数。通过读者评论可以帮助你优化写作技巧。

（3）借助外部刺激，驱动自己长期写下去。公开写作不是自娱自乐，而是为了创造价值。只要你创造了价值，就一定能感受到外部激励，从而获得持续写作的动力。

（4）只有公开写作才算是真正完整的写作。有作者没读者，有内容没互动，都是不完整的写作。只有公开写作，你的文字才会有助于你打造个人品牌，帮助你高效链接人脉和资源。

以我为例，我为何要如此费心费力写下这本书？一方面是检验自己的学习效果；另一方面是想把自己的学习经验和实践过程转化为更有价值的知识体系，能够帮助到更多的人。

3.2 利用思维导图建立知识体系

思维导图（Mind Map）是由英国心理学家托尼·博赞（Tony Buzan）发明的。他提倡使用思维导图来帮助我们更好地组织思维、记忆和提高创造力。

思维导图是一种图形化的学习和思考工具，通过使用关键词、图标和分支线来展示概念之间的关系。它由一系列核心概念组成，这些概念通过分支与关联的子概念相连。思维导图可以手绘，也可以通过电脑软件生成。如图 3-2。

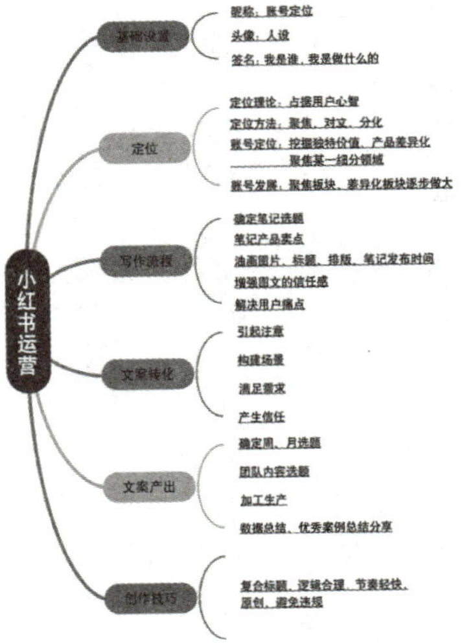

图 3-2

一般来说，思维导图包括以下几个方面：

（1）中心主题。思维导图通常以一个中心主题或中心节点为起点，这个主题通常位于图的中心，就像是一篇文章的标题或中心思想。

（2）分支结构。从中心主题开始，思维导图会分出多个支线，每个支线代表主题的一个方面或相关概念。这些支线可以进一步生成分支，形成下一个层次结构。

（3）关键词和关键图像。思维导图使用关键词和关键图像来表示概念，而不是使用完整的句子，这有助于提高可视化记忆效果。

（4）颜色和图形。思维导图的发明者托尼·博赞强调使用颜色、图标和其他图形元素来区分不同的概念和关系。尽可能地图形化，会让思维导图更具吸引力，也易于理解。

（5）非线性放射状结构。思维导图强调非线性放射状结构，这是模拟人脑的联想和创造性思维过程，与传统的线性笔记相比更加自由。

（6）关联和连接。思维导图通过用线条、箭头等手段表示概念之间的关联和连接，展现出信息之间的关系。

思维导图呈现信息的整体感，使人们能够更容易看到和理解一个主题的全貌。它可以用于总结学科知识、制订计划、解决问题、组织思考等方面，适用于教育、商业、创意等领域，是一种经过验证、行之有效的思维工具。

近些年来，随着许多名人和教育专家的推荐，思维导图逐渐普及，已经成为在校学生记录学科笔记、职场人士总结方案、艺术家发散思维、决策人员解决问题的一种常用工具，它的优点非常显著，具体体现在以下几点：

（1）促进整体性思考。思维导图和我们用文字总结信息不一样，它的非线性放射状结构类似于我们大脑思考问题的方式，这有助于培养我们整体性思考能力，方便我们更好地理解学科知识的全貌。

（2）提高记忆效果。人的大脑天生对图形、色彩、色块敏感，思维导图通过关键图像和关键词的结合，刺激视觉和大脑的联想记忆。这种多感官的刺激有助于提高记忆效果，使得学习更为深入，记忆更为牢固。

（3）增加学习兴趣。相对于单调的文字资料，思维导图的图像展示更加生动有趣，学习者更容易被吸引，从而能够提高学习动力和兴趣。

那么，我们在学习的过程中，如何利用思维导图进行高效的记忆和学习呢？

（1）确定主题和关键词。在绘制思维导图前，首先需要确定主题和相关关键词。以主题为中心，列举关键概念，并在思维导图的中心节点标明。

（2）使用分支展开思路。通过分支展开主题的不同方面，每个分支代表一个子概念，形成一个层次结构，这有助于系统地理解主题的各个方面。

（3）添加图标和颜色。为了增强视觉记忆效果，可以为思维导图的关键节点添加图标和颜色。选择的图标和颜色应与主题相关，这样有助于形成视觉印象。

（4）使用关联线连接概念。通过关联线连接相关概念，显示概念之间的关系，这样有助于理清思路，促进联想记忆，提高对学科整体理解的能力。

（5）结合实例进行记忆。将抽象的概念与实例结合，通过具体的案例来加深记忆。例如，在思维导图上添加关于概念的实际应用或案例。

（6）定期复习、更新思维导图。思维导图是一个动态的工具，应该随着学科知识的深入不断更新。定期复习，添加新的信息，有助于巩固记忆，保持学科知识的时效性。

通过以上方法，学习者可以更高效地利用思维导图进行学习和记忆，提升学习效果。思维导图的灵活性和可视化效果使得它能够成为一个强大的学习辅助工具，适用于各种学科知识的学习。

当然，成年人学习讲究高效，我们可以直接忽略手绘思维导图，市面上有很多非常优秀的思维导图软件，用软件作图非常方便，接下来推荐几款热门的思维导图软件，我们可以根据自己的喜好选择运用。

（1）XMind

特点：强大的思维导图和脑图功能，有丰富的样式和主题，支持多平台同步。

适用人群：需要复杂思维图表的专业用户。

（2）MindMeister

特点：在线思维导图工具，支持实时协作和多平台同步。用户界面简洁，易于使用。

适用人群：需要与团队协作创建思维导图的用户。

（3）FreeMind

特点：开源的思维导图软件，简单易用，支持快捷键操作。

适用人群：个人用户，尤其是注重简捷和高效操作的用户。

（4）WPS 的思维导图模块

特点：简单容易上手，支持云文档保存，具有直观的界面和友好的用户体验。

适用人群：注重简便操作的用户和 WPS 用户。

（5）MindNode

特点：是适用于苹果设备的思维导图应用，界面美观，支持手写和键盘输入，具有直观的拖放功能。

适用人群：使用苹果设备的用户，注重界面美观和易用性的用户。

（6）幕布

特点：全中文的页面非常友好，不仅有思维导图的功能，更集合了大纲编写、灵感便签等多种功能。

适用人群：需要寻找灵感或是文字创作类的用户。

选择思维导图软件时，可以考虑自己的操作习惯、团队协作需求以及是否需要专业的功能。这些软件都有免费试用版或基础版本，你可以先试用一下，看哪一个软件更符合自己的需求。

3.3

利用笔记梳理加深记忆

记笔记是学习过程中一种非常有益的行为，它不仅仅是将信息记录下来，还能理清头脑思绪，激发创意，把那些复杂的、艰涩难懂的、庞杂的信息，进行结构化逻辑呈现、梳理、分析、组合，使零散的学习内容逐渐在脑海中加工转换成为自己的系统性知识结构。它能够带来诸多方面的好处，具体来讲，主要有以下几点：

（1）记笔记能够帮助我们整理思维。将信息以文字的形式记录下来，可以帮助我们整理思维，梳理知识结构，使得信息更加有序和清晰。

（2）记笔记能够帮助我们强化记忆。俗话说，好记性不如烂笔头，书写或打字的过程本身就是一种认知活动，可以帮助我们加深对知识的记忆。不断重复书写或整理，可以强化对重要概念的记忆。

（3）记笔记能够提高学习的专注力。如果没有认真学习，那笔记就无从做起，记笔记的过程是需要专注和思考的，这个过程使得我们始终要保持学习的专注度，减少分心和注意力转移。

（4）笔记能成为回顾复习的纲领。笔记是一个非常有用的复习工具。在考试前或需要温习知识点时，翻阅笔记可以迅速回顾学过的内容，从而提高复习效率。

（5）笔记也是我们学习的档案。笔记是我们个人学习的一种记录，随着笔记数量的增加，它会逐渐形成一份属于我们自己的学习档案。将笔记整理存档，可以随时回顾，也为将来的学习提供参考。

除此之外，笔记还能帮我们澄清疑惑。在学习过程中，你可能会遇到一些不理解的地方或有疑惑的概念，通过记录这些疑问并及时向老师或专家请教，可以加深对知识的理解。

总的来说，笔记是一个强大的学习工具，通过它可以更好地理解、整理和应用学科知识。当然，记笔记看似简单，其实是一件非常需要技巧的事情。根据不同的学习内容或学科特点，记笔记的方式也分为好多种，它们分别对应着不同的学习场景，每一种都有其独特的优势和使用诀窍。

我们推荐以下几种主流有效的记笔记方法，供大家学习参考。

1．康奈尔 5R 笔记法：笔记分栏，引发思考，方便回忆

康奈尔 5R 笔记法是记与学、思考与运用相结合的有效方法。它能帮助学生有效地做笔记，适用于学习陌生学科及需要记忆大量知识的学习场景。

把一页纸分成三部分：左边四分之一左右的空间、下方五分之一左右的空间和右上最大的空间。右上最大的空间是笔记栏，按照平时的习惯记录笔记即可。左侧是线索栏，用于归纳右侧笔记栏的内容，在学习结束并回顾时，把要点和问题等写到左边，把自己的思考写在下方的总结栏。一方面复习了学习内容，另一方面加深了思考和记忆。如图 3–3。

<table>
<tr>
<td>线索（副栏）
想法 问题
图标 提示
② 简化（Reduce）：学习结束后，尽可能及早将学习内容记在线索栏。
③ 背诵（Recite）：把主栏遮住，只用线索栏中的提示，尽可能复述学习内容。</td>
<td>笔记（主栏）
主要学习内容
① 记录（Record）：在学习过程中，在主栏内尽量多记有意义的论据、概念等内容。</td>
</tr>
<tr>
<td colspan="2">总结（回忆栏）
思考、总结、体会等
④ 思考（Reflect）：将自己的学习思考、体会等内容写在总结栏，并制作成索引。
⑤ 复习（Review）：每周花十分钟左右时间，快速复习笔记，先看回忆栏，适当看主栏。</td>
</tr>
</table>

图 3-3

2．九宫格笔记法：带着问题去学习，自己找答案

九宫格笔记法就是在一张纸上绘制九个格子，将学到的内容放置在九个格子里的记笔记方法。该方法旨在引导我们带着问题学习，在上栏写下自己的问题，一边学习，一边在九个格子中记录下能够解决所提问题的概念、知识点等。

这种方法简单易学，非常适合新手使用，而且在整体观感上更加直观，适合喜欢在复习前或者临考前快速抓住重点，加深记忆的同学。如图 3–4。

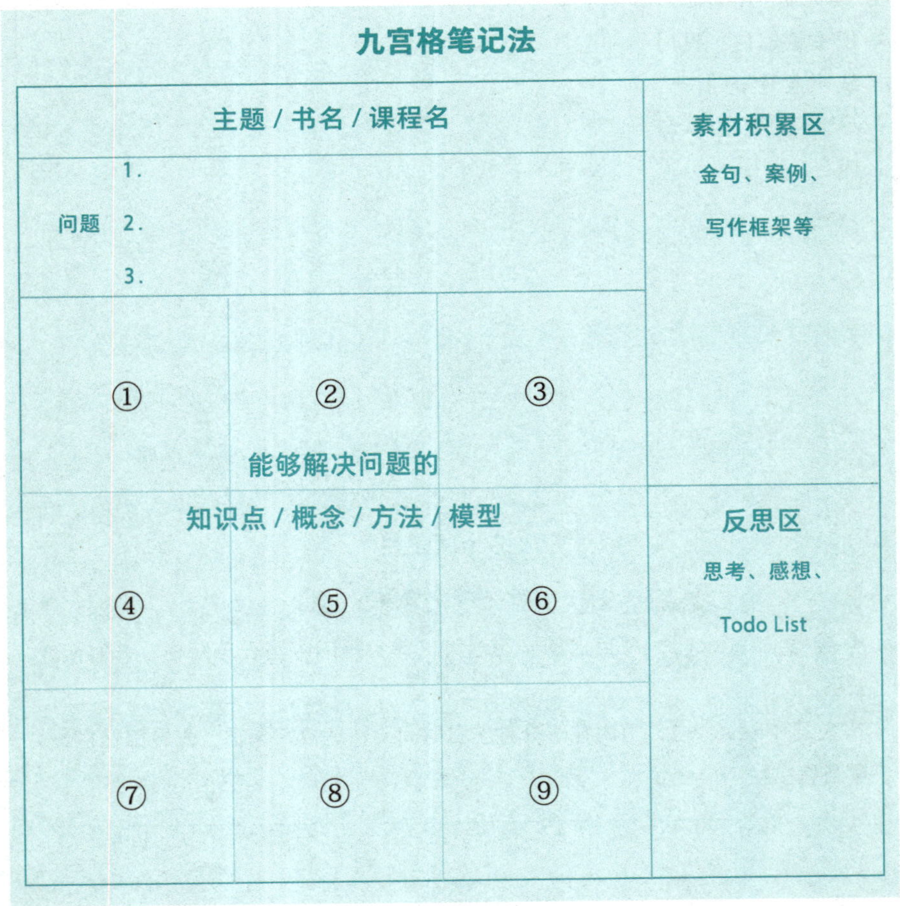

图 3–4

3. 东京大学笔记法：整洁有序，简单明了

作为 2022 年全世界大学排名第 23 名的东京大学，被称为“日本最难考的大学”，东京大学的学霸们的笔记法也独树一帜，风靡全球。

东京大学笔记法将一张纸分成三块区域：第一栏记录主要内容——所见所闻；第二栏写自己的看法和思考——重难点、疑点及注意事项；第三栏写自己的归纳总结——重点凝练，经验总结。

学霸们最明显的特征就是有自主思考意识，而东京大学的学霸们把思考过程更加实体化。他们的笔记分区明确，左侧记录课堂所见所闻，右侧记录自己通过思考后的规划与总结。久而久之就养成了良好的自主思考习惯。

东京大学笔记法适合有记笔记经验，想要考公、考研的人。这种笔记法看似简单，却对记录者的独立思考能力有很高的要求，带有一定的实践目的，不太推荐新手使用。如图 3-5。

东京大学笔记法

板书	发现点	总结
学习时记录的重点内容	疑点 注意事项 重点	归纳总结

东大学生的笔记本的七大金律：

① 第一个字要对齐
② 一定要写才动手写，否则影印即可
③ 志在清晰，不怕大量留白
④ 要形成索引目录
⑤ 笔记本的段落要分明
⑥ 记笔记之前应有规划
⑦ 字迹清楚工整

图 3-5

4. RIA 标签阅读法：适合阅读书籍时记录笔记

RIA 标签阅读法是拆书帮创始人赵周在《这样读书就够了》中提出的，在他看来，参加培训是一种低效且高成本的学习方法，不如阅读一本书并拆为己用来得实用。

RIA 标签阅读法分为三个步骤：Reading，准备阅读片段，这是基础；Interpretation，理解阅读的内容；Appropriation，拆为己用，这是纽带。

这种记笔记的方法非常适合以阅读为主的学习，对于快速吃透一本书有着非常不错的效果。如图 3-6。

RIA 标签阅读法

主题 / 书名

Reading

学习内容阅读摘抄

Interpretation

用自己的语言重述知识

A1 Appropriation

指向过去：描述自己的相关经验

A2 Appropriation

指向未来：简述以后该如何应用

图 3-6

5．四色笔记法：通过颜色区分和突出重点内容

四色笔记法是用四种颜色的笔对所学知识进行记录的记笔记方法，能有效规范笔记。

蓝、黑、绿、红这四种颜色能帮助人们更深刻有效率地记住功课或事物，有专家曾提出“四色右脑记忆法”，这种方法对于需要长期、大量记忆以及需要理解、归纳整理知识的人来说，是一种非常高效、系统化的记忆方法。

个人认为，这种用颜色来标记的内容需要重复学习，因为在标记的过程中，会让我们产生一种已经掌握了大量知识的错觉，它对大脑的专注度和协同性要求较低，所以难以形成牢固的记忆，至少还需要复习 3 次。当然，复习次数也是因人而异的，至少我自己经过实践，发现记忆效果不是太好，我只有在床上看书，不要求深入理解的时候才会用到这种记笔记方法。如图 3–7。

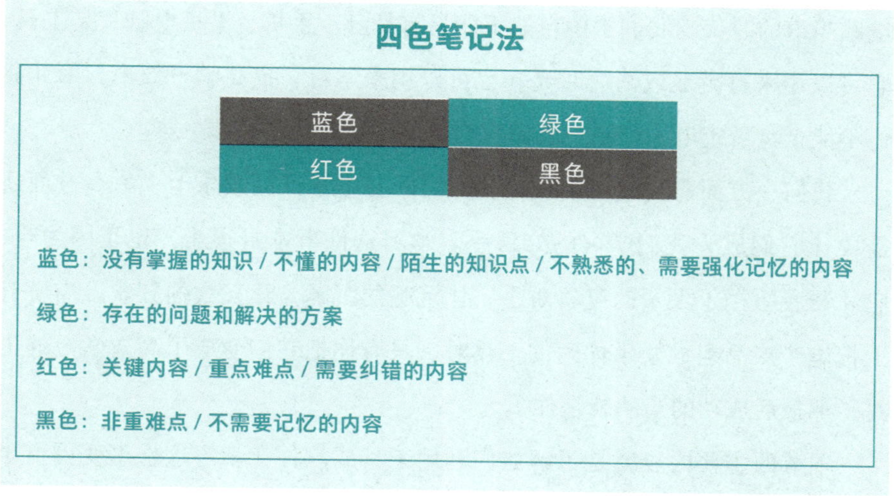

图 3–7

3.4 利用软件和工具让学习事半功倍

当下的学习，早已不是靠一张纸、一支笔走天下的时代，有太多的教育专家和心理学、行为学专家为学习设计了很多软件，这些软件旨在帮助我们用科学的方法去学习，以期达成事半功倍的效果。

在什么样的时代学习，就应该学会使用什么样的工具。在手机、平板电脑当道的时代，我们手中自然不能只有算盘。手机、平板电脑只是工具，它可以用来打游戏或消磨时光，也可以用来学习，提高学习效率，因此我们不能全盘否定电子产品，就像我们不能阻止时代的进步一样。

我们一方面需要避免消耗过多的时间在电子产品娱乐上，另一方面还需要让它们成为我们学习的好帮手。学习这件事本身很难，也正因为难，它才帮我阻挡了大量的竞争对手，让沉睡的沉睡，让狂欢的狂欢。当所有人把电子产品当成娱乐休闲的工具时，只有你把它们变成了高效学习的工具，那最后成功的当然就是你了。

本节的主要内容就是了解如何利用工具或软件让学习这件事变得事半功倍。人类开发出了许多优秀的软件，它们包含了大量可以学习的内容和知识体系，我们只需要打开它们，就能轻易获得。

下面是一些能够帮助我们学习知识或者获取学习资料的网站和软件，我们可以根据自己的学习领域和内容，自由筛选适合自己的工具。

1. 学习强国

学习强国是官方出品的学习类 APP，它几乎适合所有年龄段，最重要的是里面没有任何商业广告，且课程全部免费。内容权威有保障，高校名师亲自授课，“教育”频道里包含了学前教育、中小学教育、高等教育、职业教育等板块，堪称学习神器。

2. 国开终身教育

在这样一个知识大爆炸的时代，只有不断学习才不会被时代抛弃，国家开放大学推出的终身教育平台，让你真正可以活到老学到老。该平台包含了生活技能、兴趣爱好、职场素养、职业技能、学历提升、老年学习等 50W+ 免费学习资源，适合各个年龄层的人自学提升。从琴棋书画到软件编程，从家庭早教到老年健康……方方面面的知识都可以在这个平台上学到。

3. 番茄 ToDo

这是一款几乎所有的学习类博主都会推荐的软件。因为时间规划对于学习而言简直太重要了。番茄 ToDo 是一款实现“规划 + 追踪 + 记录 + 处理 + 可视化”的时间管理小能手，支持安卓、苹果系统。适合非常想学习但自控力不够的朋友们，帮你把想溜走的时间抓住。时间管理真的很重要，所以我们一定要学会提升自己的时间管理能力。

4. Drops 点滴学语言

这是一款多语言学习软件，对于流行语种或者其他小语种的学习者都非常友好。多学一门外语不仅可能多了解一个国家，多一个工作机会，还可以让你多一个视角来看世界。这款工具提供了超过 50 种常用语言和小众语言的学习内容，通过寓教于乐的游戏形式帮你在短时间内从零基础到语言精通，完成外语学习的全过程。

5．云听

与喜马拉雅一样，云听是一款适合利用碎片时间收听高质量内容的APP，是中央广播电视总台推出的免费音频平台，全国广播、名校公开课、有声书等都能听，还有一些央视节目精选。标准的发音、丰富且高质量的内容，很适合利用上下班路上的碎片时间来获取资讯、扩展知识边界。

6．年轮

这是一款背书神器，用它能轻松背下课本重要考点、古文、英文以及需大量记忆的专业文本等内容，独特的内容挖空方式的设计灵感来源于完形填空题。根据艾宾浩斯遗忘曲线提醒定期复习，解决了自学者平时背但考前就忘记、想考前突击却背不完的问题，遗憾的是这个软件目前只支持iOS 系统。

7．题王争霸

这是一款知识问答神器，它的运行机制类似于 PK 游戏，题库非常全面，包括了小学、初中、高中各科目的试题和大量百科知识，如地理、生物、历史、天文等。可以一个人偷偷刷题“内卷”，也可以和好友一起答题PK，每天打开刷一刷都能学到很多新知识，从而锻炼大脑，让你成为“最强大脑”。

8．China Daily

中国日报的英文版 APP，里面提供了大量高质量的新闻资讯，每篇文章内容都很正式，APP 提供了音频播放、划词翻译、双语阅读、口语测试等功能，可综合提升学习者阅读、听力、口语等能力，是一款非常好用的英语学习利器。

9. B 站

当代年轻人最喜欢的视频平台之一，这个平台里面几乎涵盖了所有专业课视频。学习视频不仅可以在线播放，还能借助工具免费下载。平台里还有优秀 up 主倾囊相授的学习方法、技巧和避坑指南，你可以最大限度地利用里面的资源提升自己。

10. 思维训练

通过日常的思维训练你也能激活大脑，提高自己的思维能力。这个 APP 里提供了超多的思维训练题目，涵盖算术类、几何类、推理类、创造类、观察类、想象类等。你可以利用每天的碎片化时间在刷题游戏中锻炼大脑，改变思维，激发潜能，提升自己的各项思维能力，让自己变得更优秀。

11. 国家博物馆

不用出门就能在家免费看遍全国所有艺术展览，提升审美，这个愿望在国家博物馆 APP 就能轻松实现。进入线上展馆后，你可以边看展厅里的艺术品，边听语音讲解，仿佛身临其境。除了看展外，还能查看、搜索所有文物，深入了解文物的历史来源以及所在位置。

12. 墨墨背单词

这是一款主流背单词软件，按照艾宾浩斯遗忘曲线设定背单词任务，帮你把单词记得更牢固。APP 里有市面上大多数词汇书，可根据自己的需求自行选择背诵计划，也可以自定义选择单词。提供辅助记忆的方式多样化，有例句、延伸、词根、扩展，偶尔还有谐音梗。

13. Road To Coding

会一门编程语言对工作、学习真的有很大的帮助，如可以自动化处理excel、数据分析、快速爬取网络资料等。Road To Coding是一款全面又系统的适合零基础自学编程的神器，它为编程自学者提供了一系列清晰又系统的学习路线、可靠的资源、高效的工具、务实的技术文章，涵盖从编程入门到工具使用到项目开发再到面试求职，让你学会真正的编程。

14. 包学习

这是一款专门为中小学生设计的同步学习应用，提供了从小学到高中的全学段完全配套教材，你在学习中遇到的问题都可以在群问答疑模块进行提问，有老师会给你进行解答。

第4章 提升学习效果（一）——心理策略

4.1 主动学习与被动学习的区别

在学生时代，我们大都关注过一个问题，同样的老师授课，同样的课程内容，有些学生学起来非常轻松，进步非常明显，有些学生却感到非常吃力，尽管他们也在努力地认真听课，进步却非常缓慢。

现在回想起来，这无非是主动学习和被动学习两种不同的学习方式带来的截然不同的结果。

为什么都是学习，主动学习和被动学习的效果差异这么大呢?

首先，从参与程度上看，主动学习的时候，我们是积极参与学习项目中的，我们投入的专注度很高，并且会主动探索问题和解决问题。

其次，主动学习会让学习者衍生出主动提问、参与讨论、实践应用和自我反思等行为，这些动作对于掌握新知识是非常有效的。反之，被动学习是被动地接受知识，较少去主动参与和跟随，在学习方法上也会比较保守和内敛，一般只侧重于听讲、阅读和观看教学视频，缺乏互动和反馈。

总的来说，主动学习鼓励学习者深入参与和思考，被动学习的学习者则更多依赖于从外部获取信息。在实际应用中，两种方法结合使用常会达到最佳的学习效果。

图 4–1 显示了主动学习和被动学习的效果差异。从图中可以看到，主

动学习和被动学习的方法及效果有着明显的差异。主动学习者会以更加积极的形式和方法贯穿执行整个学习过程，尤其是参与讨论、付诸实践、教授他人，这些动作都会让学习者的大脑对整个知识结构进行“翻炒”，获得的效果自然是被动学习所不能比拟的。

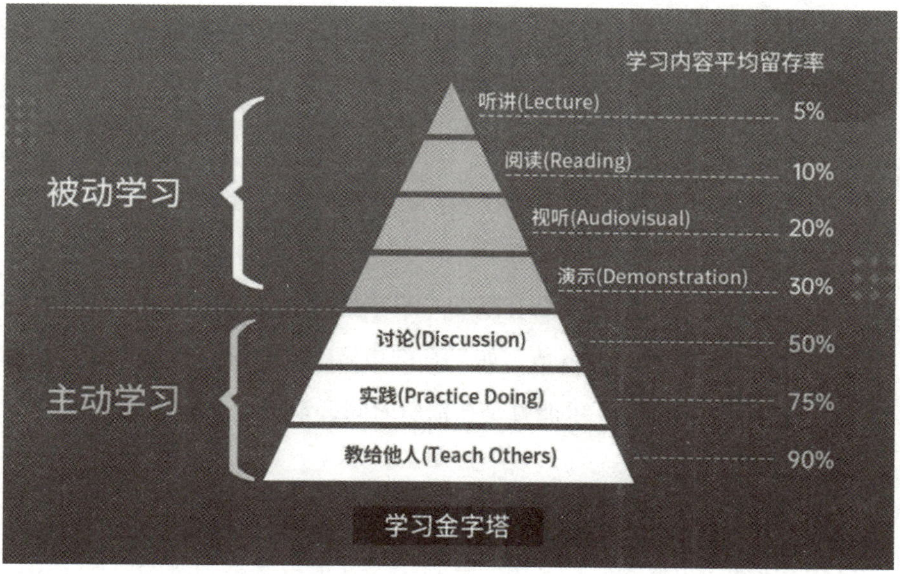

图 4-1

那么，如何从被动学习转为主动学习呢？

1．兴趣是主动学习的动力基础

兴趣是你坚持下去的基本动力，假如你对一项技能不感兴趣，却逼着自己学，那么那种原始的动力注定不会持久。所以如果我们想学习一项技能，一定要先问问自己，是不是有足够的兴趣坚持下去，是不是有勇气去面对可能遇到的挫折。

樊振东启蒙教练说："樊振东练球特别投入，五年时间总共请了五天假。"刚刚夺得奥运金牌的陈梦，十年间回家的次数不超过一个月……奥运冠军背后有很多这样的故事，我们可能会觉得日常训练是一件很苦的事情，实际上冠军们之所以能够做到持之以恒，一方面是源于自律，另一方面就是对运动极致的热爱。刘诗雯曾经说过："乒乓球是她的全部，最高兴的事情就是比赛赢球。"

这一切最原始的动力都是自己喜欢，有兴趣，这样做一件事情才会是正向循环，是正激励。

每个人的精力和能力都是有限的，很难同时兼顾很多事情。所以，一定不要心血来潮去做一件事情，如果真的想做、想学好，就要保证自己有精力，有兴趣，否则我们可能就是在浪费时间，浪费自己的大好光阴。

2. 给予自己正向反馈

游戏比阅读更吸引人的地方，就在于游戏的反馈是即时的，而读完一本书的反馈是缓慢的。赢一场游戏，大脑里会分泌一些多巴胺，让我们感到快乐、愉悦、满足。虽然读书也能让大脑分泌多巴胺，但它的释放量和过程是微量且缓慢的。我们在阅读书籍时，尤其是阅读工具书或教科书时，调用的是理性思维，而多巴胺这种物质更多是在感性层面才会出现的"奖励"。网文小说之所以受欢迎，就是因为作者通过情节设置，让读者的情绪起伏，让读者感到爽快。

读书学习这件事之所以难度大，实际上跟人类的进化有关系。人类曾经在大草原上经历了 4 万—6 万年的狩猎时代，天生对动态的东西非常敏感。因为在目力所及之处，突然飞过的鸟儿，突然跑走的鹿，甚至突然从草丛里蹿出的蛇，这些东西要么是人类需要捕获的食物，要么是需要极力躲避的天敌，只有关注动态的东西，才能够让自己活下来。

反观读书学习这件事，文字是静态的，没有声音，没有色彩，没有动态的呈现，安静地排列在书本上，你需要辨认每一个字，然后通过视神经传输到大脑中，大脑把所有的字串联在一起，然后分析和理解这句话的含义，尽管这些动作是在毫秒级的时间内完成的，但始终是在消耗大脑的“算力”。

理解了这些底层逻辑，我们在学习的时候就可以通过修改学习规则适当调整自己的进度。既然大脑喜欢即时的正向反馈，而阅读又无法满足大脑的这种需求，那我们就人为修改一下学习规则，比如每读完一本书，给自己一个正向反馈。这个阅读量可根据自己的专注度适当调整，假如你的专注力较弱，可以每读完 20 页或一个章节就给自己一个正向反馈，专注力强的可以读完一本书给自己一个奖励。

以我个人为例：

众所周知，对于一个写作者而言，每天坚持写作和阅读，不断输出和输入，这件事几乎是围绕着整个职业生涯进行的。

刚开始全职写作的时候，因为没有公司的任何 KPI 考核，也没有时间、任务约束，我的写作效率很低，有时甚至在电脑面前枯坐一个小时也没有写出一个字。阅读的时候，因为书房布置得太过舒适，时常在舒缓的音乐和柔软的座椅中直接睡过去。

后来，我针对写作和阅读分别设置了两项正向反馈机制。

写作的时候，我会找来一个挂历放在书房，每天完成 5000 字的写作任务之后，就把当天的日历格子用彩笔涂上一个颜色，按照红、橙、黄、绿、青、蓝、紫的顺序涂色，每涂完 7 个颜色，代表过去了一周时间，这样我就可以让自己休息半天（前提是最后一天我需要在上午就完成写作任务）。那么，从下午到晚上 12 点，我可以做任何喜欢的事情，包括打游戏，看电影，甚至玩手机。

随着日历上的色块逐渐多起来，我不由自主地生出一种强烈的自豪感，觉得自己很自律，甚至不想让连续色块中间出现空白，随着时间的推移，色块逐渐填满日历的兴奋感甚至超过了我对每周奖励的期待，我甚至希望自己能够把一整年的日历格子都涂满，这样回望过去，是不是也算没有辜负时光呢？如图 4–2。

让学习进度成为可视化正向反馈

01 JAN 2024

今日备忘录

□

□

□

□

□

□

SUN 星期日	MON 星期一	TUE 星期二	WED 星期三	THU 星期四	FRI 星期五	SAT 星期六
	1	2	3	4	5	6
7	8	9	10	11	12	13
14	15	16	17	18	19	20
21	22	23	24	25	26	27
28	29	30	31			

图 4–2

关于阅读，我则另有一套正向反馈的方法。

有一段时间，我沉迷于买书，买回来又没时间看，加上出版社和文化公司的各种赠书，书架上堆满了各种书籍。

对于写作的人而言，输入和输出是必须同时进行的。相信很多作者都有这样的感受，在一个时间段里集中写完一本书之后，感觉自己有一种被掏空的感觉，甚至有些怅然若失，如果没有及时地输入，就不知道下一步该写什么，甚至怎么开始。

我给自己制订了一个阅读计划，每天阅读 2—3 小时。怎么让这件事的效果看起来很明显呢？我想到写作时涂日历的方法，它之所以管用，就是因为效果可视化，看到那些涂上颜色的日历格，便仿佛看见自己每天的成绩，从而认可自己的努力。

我决定把阅读的反馈机制也做成可视化的。我的书架在书桌的左手边，右边只有一个小柜子，没有任何摆设。所以，我计划把每一本读完的书放在右手边的柜子上，我希望自己能够花一年的时间把右手边的小柜子摆满书籍，甚至能摞到天花板，这样到了年底，看着高高的书堆，欣赏着自己读完的书籍，那突然爆发的多巴胺一定能让人感到非常快乐。

这个方法直到现在还在用，我发现自己开始慢慢享受读完一本书把它从左边挪到右边的感觉，每放下一本书，右边就会升高几厘米，那种慢慢升起的高度，就像自己储存的粮食，让人很有满足感。

当然，你也可以根据自己的实际情况制定出自己喜欢的、更适合个人爱好的正向反馈机制，这个反馈机制最好是可视化的，看得见、摸得着，因为人真的是视觉动物，更在意眼前的东西。

3. 给予自己身份认同

习惯行为研究专家詹姆斯·克利尔（James Clear）在《掌控习惯》（*Atomic Habits*）一书中讲道：如果想要养成任何好的习惯，最重要的核心就是，要改变行为，先改变身份认同。

比如，一个人想要养成每天阅读和学习的好习惯，他可以有三种选择：

第一，以结果为导向。告诉自己，我要每周阅读一本书，一年读完 50 本。这种方法效果最差，基本上属于给自己打鸡血，画大饼。

第二，强调过程行为。我每天下班之后 9：00—11：00 是阅读时间，这个时间段我什么都不做，就只看书学习。这种方法前期是有一定效果的，但难在坚持，慢慢地，人们会找各种理由为自己缺席的学习开脱。只要有几次没做到，以后就很难再坚持下去了。

第三，给自己一个学习的身份。告诉自己：我不是一个每天非要逼着自己死记硬背的学习者，我是真的对这个东西很有兴趣，并且我是个自律的人，我和那些随波逐流的人不一样，我就是想天天看书，我享受这个过程。

第三种方法就是给予自己身份认同。因为我是个学习者，本就应该天天学习；因为我是个运动员，所以天天锻炼很正常；因为我是个作家，我就应该笔耕不辍。

我一个朋友曾经因为一个眼神把抽了十多年的烟给戒了，其中的逻辑，我分析还是身份认同。

他是个摄影师，有一次到新加坡去旅拍，在拍摄休息的间隙，突然来了烟瘾，新加坡的公共场合是不允许吸烟的，他就跑到两个房子中间非常狭窄的小巷子里点了一支烟抽了起来。

不大一会儿，有个时髦的女郎从巷子里迎面走了过来，看到他在抽烟，露出一种非常鄙夷的眼神，那种眼神似乎传递了一种信息：你一定是外地人，根本就不是我们当地的居民，你这个连烟都无法戒掉的人，注定要一辈子缩在这种角落偷偷摸摸地抽烟。

当然，也许人家没有这么多内心戏，但我的朋友被对方那种眼神强烈地伤害到了自尊心，他甚至认为自己给中国人丢了脸，从此不再吸烟。

往后有人递烟给他，他便说："我不是烟民，我不抽烟。"

你看，他把自己的身份变成了"我不是烟民"。这种回答更加坚定，如果面对别人递来的烟，只是说："哦，不用了，我正在戒烟。"这种回答就很弱，别人会说："抽完这一根再戒嘛。"

由此，我们可以看出，在学习的过程中，想要把被动学习变为主动学习，最好是确定自己的身份。

（1）我从此有了一个新的身份，我要成为一名律师、一名程序员、一名公务员……（这取决于你要学习的科目和领域）

（2）用自己每天坚持学习这件事，来向自己证明你就是这样的人。

这是一个互相循环促进的正向反馈过程：你不断学习某个技能，证明你就是具有某种身份的人，而你既然是具有某种身份的人，就应该每天干这样的事情。

4.2

压力管理：如何应对压力和焦虑

学习的过程往往会产生压力和焦虑，这一点恐怕任何一个经历过高考的人都有切身体会。压力是一种身体和心理的应激反应，它可以来自外部环境，也可以来自内部的期望。适度的压力能激发我们的潜能，提高专注度和效率。但当压力超过我们的应对能力时，就会转化为焦虑，影响我们的认知功能，如注意力、记忆力和解决问题的能力等。

焦虑是一种持续的、不适的情绪状态，通常伴有紧张和担忧。长期的焦虑不仅影响心理健康，还会导致身体疾病，如失眠、头痛和消化不良等。

一旦在学习的过程中产生压力和焦虑，就很容易形成恶性循环。例如，一名大学生，他因为即将到来的期末考试而感到非常焦虑，于是开始熬夜学习，却发现自己越来越难以集中注意力。焦虑导致了他的记忆力下降和学习效率低下，而这又进一步加剧了他的焦虑。

管理学习过程中产生的压力和焦虑，关键在于认识到它的存在，了解它的根源，并采取行动减轻它的影响。

首先我们要明白，压力和焦虑不仅仅出现在学习的过程中，它几乎伴随人类一生，它是我们作为社会性物种的伴生物，是人类进化过程中的产物，它的存在最初是为了帮助人类能够更好地避开危险，更好地生存。只是到了近现代社会，人们的自然生活环境和社会文明发展到了新的阶段，才不再需要生存压力和焦虑的提醒，但它在人类漫长的进化过程中已经被写入了人类基因，无法消除。因此，我们只需要知道和了解压力和焦虑是人的正常情绪反应，不必对此感到羞耻，也无须太过恐惧。

当学习过程中遇到了压力，甚至焦虑，我们应该停下来，深入分析造成压力和焦虑的具体原因。一般而言，压力大都来源于我们对学习这件事有着过高的期望，或是我们在学习时间的管理上出现了问题，或是缺乏有效的学习方法，导致学习效率下降或者学习效果不佳。

当我们在学习的过程中感觉有压力和焦虑，可以试着通过以下几种方式进行压力释放，缓解因为压力过大导致的学习效率下滑，降低焦虑、烦躁等各种负面情绪。

1．定时休息和放松

在时间安排上，学习时间不宜太长，长时间连续学习会提高压力水平。定时休息，比如每学习 45 分钟后休息 5—10 分钟，可以帮助大脑放松和恢复。在休息时间内，可以进行一些轻松的活动，如散步、听音乐或做一些简单的伸展运动等。

2．培养兴趣和爱好

拥有一个非学习类的兴趣或爱好可以为你提供心理上的慰藉和放松。无论是绘画、摄影还是园艺，都能帮助你暂时远离学习的压力，让你的心灵得到休息。

在学习的间隙，我非常推荐散步。一方面，散步也算是一种有氧运动；另一方面，散步能够让我们的大脑处于放松状态，有利于让潜意识将我们学到的东西进行自动化处理，甚至还会激发出更多的想法和创意。我有很多书稿的想法都是在散步的过程中偶然得到的，可以说，散步对身体、心灵都有很好的疗愈作用。

3．使用正念冥想

正念冥想是我个人非常推荐的一种解压方式，我曾有过压力大、焦虑失眠的经历，正是靠着冥想逐渐走出来的。正念冥想的确是一种强有力的放松和应对压力的工具。它通过引导你把注意力移到当下，帮助你减少漫无目的的忧虑和思考，将压力释放在一呼一吸之间，每天花几分钟的时间进行正念冥想练习，可以显著减少压力和焦虑。

冥想其实并不像有些人想象的那么深奥难懂，也没那么多的规矩和仪式，假如我们撇开那些宗教方面的信仰和讲究，仅仅把它当成一种放松的方法来使用的话，它就变得十分简单了。

你只需要找到一个相对比较安静的地方，坐在地板上、座椅上或者沙发上，可以盘腿，也可以躺着（只要保证不睡着就行），闭上眼睛或者让视线虚化，把所有的注意力放在自己的身体上，先进行一次缓慢的扫描：从脚底开始，感觉一下自己的脚趾是什么样的状态，然后是小腿，感觉肌肉是什么状态，是紧绷还是放松，是否有些酸痛，然后是膝盖，大腿，腰部……一直上升到自己的头皮。

扫描身体的过程，其实就是放松身体的过程。当你的意念集中在身体的某个部位时，就下意识地放松那个部位，一次扫描过后，身体基本上就处于比较松弛的状态了。

接着，我们把所有的注意力集中在自己的呼吸上，感受空气被吸入鼻腔的感觉，以及被呼出肺部的感觉，如此往复。

在这个过程中，尽可能不要想其他事情，假如不小心走神了也没关系，轻轻地把思绪拉回来，重新回到呼吸上就可以了，不要有自责的念头，尤其是刚开始冥想的时候，不要对自己有任何评判。为了保证专注，你甚至可以用数息的方式，默默数自己呼吸的次数，用来辅助自己思路不跑偏。

4．保持健康的生活习惯

很多人会把学习当成一种苦修，认为学习本身就应该吃苦，甚至会有些自虐，牺牲自己的睡眠时间，打乱饮食规律，用来换取更多的学习时间。殊不知，这样的学习实际上是事倍功半，缘木求鱼，和我们学习的初衷背道而驰了。

健康的饮食、充足的睡眠和适度的运动是保证我们精力充沛的基础，同时也是减轻压力和提高学习效率的关键。所以，要确保你的身体得到必要的营养，晚上有充足的睡眠，以及定期进行锻炼。

以我个人的经验来看，但凡一个人压力过大，焦虑非常严重，那他的身体状况一定也很差，这几乎是必然的，心理和身体之间有着很强的关联性。

在我们的文化里，对于才华横溢的人有着很多的偏见，例如古代的书生大都手无缚鸡之力。其实，真正的强者，不仅要锻炼自己的头脑，更要让自己的身体时刻处于巅峰状态。国外有一些科学家和学者也是非常优秀的运动员，他们有的是皮划艇的队员，有的是游泳和篮球健将。只有身体机能保持在健康水平线上，头脑才会有更优异的表现。所以，我们要时刻保证自己的身体健康，这才是高效学习的必要前提。

压力和焦虑在我们的学习过程中是不可避免的，但它并不必然成为我们成功道路上的绊脚石。通过认识和管理压力、焦虑，我们可以将其转化为推动我们前进的力量。记住，管理压力、焦虑是一个持续的过程，需要时间去练习。随着时间的推移，你将学会更有效地控制它，成为一个更加高效和快乐的学习者。

4.3

方法管理：
通过输出提升学习能力

现在我们来回忆一下，在我们的学生生涯中，随便选一个年级，随便选一个曾经待过的班级，是不是班里总有几个非常聪明的学生，他们平时非常活跃，但成绩一般，还有一些同学，平时不声不响，看起来有些内向，甚至有些木讷，但成绩却非常优异呢？

造成这种差异，其中有一个原因，可能就是那些内向型的同学找到了一种适合自己的学习方法。一旦找到了适合自己的学习方法，并通过实践有效验证，你就会像是打通了任督二脉，学习成绩很难不优秀。

学霸除了有自己的学习方法以外，同时还有信心的加持，两者相乘，效果翻倍。

学习是一项输入的过程，我们通过各种方式、各种媒介，把各种知识内容输入到我们的大脑中，完成记忆、梳理、内化的过程，最后共同构建自己的认知体系。以上对学习过程的描述并不完整，因为缺失了“输出”这一重要环节。

输出这个动作对学习而言极其重要。所谓输出，就是我们将学习到的知识转述或教授给另外一个人。可不要小看这个动作，它实际上是有难度的。

举个例子：我认识一个大师级名厨，他从小出身贫寒，没读过多少书，后来在厨师这个行业里刻苦学习，努力钻研厨艺，最终练得一身本领。成名之后，慕名而来拜师的人就多了。作为名厨，传承本菜系的烹调技艺也是一种责任，他也的确收了不少徒弟。但徒弟们对他的评价却是：水平很高，但学不到东西。

为什么会这样呢？因为这位名厨只会输入，不会输出，他不知道怎样把自己学到的厨艺精髓用另外一种形式传授他人。这样的例子还有很多，我们经常听到有人评价别人时会说，“那个人肚子里有点东西，就是倒不出来”。

就学习这件事而言，如果输入的难度是 5 分的话，输出的难度就是 8 分。它的难度在于，你需要把自己所掌握的知识在大脑中做梳理、做减法、做排序，还得因人而异地讲出来。就像我们在解释宇宙大爆炸的科学依据时，给成人讲和给小朋友讲就完全不一样，它需要你根据输出对象的不同进行删减或添加内容，需要你的大脑有非常强的整合能力。

当然，在输出的过程中，我们对该知识理论就几乎完全掌握了。费曼学习法就是根据这个理论创造的。

费曼学习法是以理论物理学家理查德·费曼的名字命名的学习方法，它强调了深度理解和知识传递对于学习的重要性和它们之间的深度关联性。如图 4–3。

费曼学习法的核心内容

图 4–3

费曼学习法大致包含为以下几个主要步骤：

（1）选择一个概念或理论。开始时，选择一个需要学习或深入理解的概念或理论。

（2）尝试教授或转述。试着以简单的语言把这个概念或理论教授给一个外行。这个步骤迫使你以更清晰和更基础的方式思考。

（3）回顾并简化。在教授的过程中，当遇到解释上的困难或自己理解不深的地方时，返回学习材料中，重新学习并加深对这部分内容的理解，然后尝试以更加简洁明了的方式重新解释。

（4）举例和类比。使用例子和类比来解释复杂的概念或理论，不仅有助于你自己更好地理解，也能够使你的解释更容易让别人理解。

（5）组织和应用知识。通过将新学的知识与已掌握的知识相结合，你可以更好地理解和记住它们。同时，将这些知识应用于实际问题或情境中，以测试和加强你的认识。

费曼学习法的核心在于通过教授和解释的过程，促进对概念或理论的深入理解。它强调的是理解而非记忆的重要性，鼓励学习者通过简化和传递知识来掌握复杂的概念、理论。

我们来看一个案例：一个普通的妈妈是如何利用费曼学习法将女儿送入清华的。

这位妈妈学历并不高，家庭条件也很一般，她知道自己没办法辅导孩子功课，也没有条件给孩子报昂贵的学习班或请家庭教师，如何才能让孩子爱上学习，并提高学习成绩呢？

这位妈妈每天陪孩子写完作业之后，总是会展现出对孩子的作业内容和今天所学知识的浓厚兴趣。她告诉女儿："妈妈小时候家庭条件不好，没有读过多少书，其实妈妈也很想上学，和你一样学知识，但妈妈年龄大了，学校不收我，你可不可以每天抽一点时间教教妈妈呢？”

能够当妈妈的老师，女儿当然很开心，于是每天做完作业，就把今天上课的内容给妈妈转述一遍，妈妈有不懂的地方，还会提问，如果遇到女儿讲不清楚的地方，妈妈就要求女儿第二天去请教老师，自己弄懂了，回来再讲给妈妈听。

就这样，女儿一边沉浸在当好老师的角色里，一边开心于能够满足妈妈的愿望，学习成绩竟然提升得很快，后来也顺利考上了名校。

这位妈妈实际上在无意中让孩子运用了费曼学习法，因为要回家教妈妈，所以孩子就需要在课堂上认真听讲，在输入知识的时候具备了高质量的专注度。

因为要让妈妈听得懂，孩子还要把知识进行梳理，用更简单的方式解释给妈妈听，这就需要对学到的知识进行反刍，从而理解和记忆同步加深，效果翻倍。

我有一个更好的办法可以完成知识的反刍过程，不仅能够利用费曼学习法来提升学习效率，还能收获其他惊喜。你可以在今日头条、小红书或者别的网络社交平台上注册一个账号，把名字取成你想要学习的相关内容，最好是用自己的名字+学习的内容或领域，比如“小柯爱写作”“娜娜的考研之路”“麦先生的编程史”等。

每天学习结束之后，你就把今天学习的内容用最简单的方式描述出来，分享给网络上的其他人，假设别人都是这个领域的新人小白，你需要把自己学到的内容用最浅显易懂的方式教给他们。你甚至可以用打比方、开玩笑等方法来讲述，只要能让对方明白就可以。坚持每天记录，这样你不仅会对所学的内容有了更深层次的思考，也用输出的方式加深了记忆的效果，并且很有可能在无意中为别人创造了价值，开始成为一个拥有自己粉丝群体的自媒体大 V。

为什么我非常推荐这个方法呢？因为我本人就是这个方法的受益者。

我刚开始学习写作的时候，买了很多相关书籍来看，因为大多数关于写作和故事创作的书籍都是外国人写的，在理解上会有一定的难度，为了日后查询方便，我每看完一章就把自己的心得体会记录下来，用更简洁易懂的方式转化成我的笔记。

后来，我把这些笔记分享到了今日头条上，获得了很多喜欢写作的朋友的喜爱，逐渐地，粉丝开始多了起来，我就必须认真对待，不仅看书学习更加认真，在输出的时候也会考虑受众人群的需求，尽可能把那些外国资料用最接地气的方式“讲”给粉丝朋友们。用现在很流行的一句网络用语描述就是，我的分享“很适合中国宝宝体质”。

随着分享的文章、笔记不断曝光，粉丝量越来越大，我开始被一些出版社和编辑注意到，他们在里边发现了一些商业价值，开始向我约稿出书，于是我就正式走上了写作这条道路。

4.4

反馈管理：从错误中找到方法与规律

第一次世界大战期间，各国的战斗机战损率都非常高，某国军方打算改进飞机上的某些结构，采用加固的方式提升战斗机的防弹系数。他们把从战场上安全飞回来的飞机全都检查了一遍，并将机身上弹坑最多的地方一一做了记录，准备加固这些容易被子弹攻击的部位。

当新的设计图放在总工程师桌上的时候，他意识到这里面有个大问题。幸存的飞机上，弹坑大都集中在飞机的右后方，其他人的计划是将右后方进行加固。可问题是，尽管这些飞机的右后方都遭遇了子弹的袭击，但它们毕竟都安全飞回来了，反而是那些被击中其他地方的战斗机，再也没回来。

所以要加固的不应是飞机的右后方，而是除了右后方的其余地方。如图 4-4。

图 4-4

这就是著名的幸存者偏差（Survivorship Bias）理论，它是一种常见的认知偏差，指的是当人们取得资讯的渠道仅来自幸存者时，此资讯可能会与实际情况存在偏差。这种偏差可能导致我们对结果或情况解释错误，因为它没有考虑到所有相关的证据。

一旦我们陷入了幸存者偏差中，就会产生选择性关注，我们会倾向于关注成功的或幸存的案例，而忽略了那些失败的案例，但恰恰是这些失败的案例可能带给我们很大的启示。一位商业大佬就曾说过，人们总是热衷于去读那些成功名人的传记或是商业传奇故事，但我更关心那些失败的案例，因为失败的案例会告诉我哪些事情不要去做。

幸存者偏差导致人们忽视了从失败中学习的机会。其实，找到失败的原因同样重要，因为它可以为人们提供宝贵的洞察和改进的机会。

学习同样如此，我们痛恨应试教育，因为错题让我们的考试分数变低，给我们造成了心理上的打击。但当我们知道错误也是有价值的时候，再回头看试卷上的错题以及人生中的错事，大概都能从中学到一些经验吧。

错误是有价值的，它为我们提供了直接的反馈，告诉我们哪些地方需要更多的关注和努力。在学习的过程中，这种反馈是至关重要的。它不仅指出了学习者在知识的掌握和理解中的具体欠缺，还提供了改进的方向。通过错误，我们能够识别出那些我们以为自己理解，但实际上并不理解，或者说理解并不透彻，还需要花更多的时间来掌握的知识。

想要从错误中总结经验教训，需要一定的技巧和方法。深入分析错误是学习过程中一个至关重要的步骤，它能帮助我们从根本上找到错误发生的原因，并指导我们采取措施避免未来犯同样的错误。以下是深入分析错误时应考虑的几个关键方面：

（1）识别错误的性质。深入分析错误的第一步是要识别错误的具体性质，是理解上的错误？计算错误？注意力分散，还是信息记忆错误？例如，在分析数学错题时，需要识别错误的具体性质，是计算失误？理解题目有误？还是概念不清晰？识别错误的性质有助于我们有针对性地解决问题。

（2）分析错误产生的原因。识别出了错误的性质后，进一步探究错误产生的原因。还以数学错题为例，如果错题是由于概念不清楚导致的，那么可能需要重新学习相关的理论或公式；如果错题是由于注意力分散导致的，可能需要改善学习环境或调整学习习惯。

（3）求助于外部资源。如果自己无法找到错误的原因，不妨寻求外部帮助，比如老师、同学，甚至是在线资源。不同人的视角可能会帮助你发现之前没有注意到的方面。回想一下学生时代，老师在批改我们的作业时，甚至能从作业本上的做题情况判断出我们做作业时的状态，能够知道我们做某道题是因为粗心出的错，还是因为知识点没掌握出的错。有时候我们会陷入一种“当局者迷”的状态，适当地利用外部资源，让别人来审查自己的错误，效果会更好一些。

（4）制订改进计划。根据错误分析的结果，制订一个具体的改进计划。这个改进计划主要围绕错题进行，包括更多地练习某个特定的易错领域，或改变学习方法。某些重复出现的错误，意味着我们对这个知识点理解不透彻、不深入，容易跟其他知识点混淆，或者存在其他原因，这时，我们要重点关注，反复练习。

（5）跟踪改进，找到规律。发现错误之后，将所有的错误进行汇总，统计一下错误类型，从而找出某种规律。以学习英语为例，将在学习英语的过程中经常出错的地方进行盘点，你会发现这些错误呈现一种规律，比如某类语法容易出错、单词拼写容易出错，或者是发音容易出错。找到错误规律有助于你不断调整学习策略，从而找到适合自己的方式方法。

通过详细分析错误，我们不仅能够解决短期的问题，还能在长期内提高我们的学习效率，提升学习效果。这个过程需要时间和耐心，但对于培养我们成为一个会自我调节、终身的学习者是至关重要的。记住，每个错误都是一次学习和成长的机会。

第5章 提升学习效果（二）——战术策略

5.1 分解学习计划，制定小目标

相信大家在开始学习之前都会给自己制订一个学习计划。学习计划和学习目标是有所区别的，学习目标指的是我们最终需要达成的目的和结果，而学习计划则是指通往这个目标所需要的路径和方法。

制订一个有效的学习计划是提高学习效率和实现学习目标的关键。无论是在校学生还是职场人士，一个良好的学习计划都能帮助你更有效地管理时间和资源，从而提高学习效率。

制订学习计划可以简单分为以下几个步骤：

（1）明确学习目标。制订学习计划的第一步就是明确学习目标。你需要知道自己想要学习什么，以及为什么要学习这个知识和技能。目标应该是具体、可衡量、可实现的，并有明确的时间限制。

（2）分解学习目标。一旦确定了学习目标，接下来就是将其分解成更小的子目标。这将有助于你更容易管理和安排学习进度。

（3）制定时间表。确定你何时打算学习，以及每次学习的时长。制定日常时间表，确定最佳学习时间段，并为每个学习任务分配足够的时间。

（4）选择学习资源。根据学习目标选择适当的学习资源，例如教材、线下课程、在线教程等。确保这些学习资源能够帮助你达到目标。（这部分内容我们在前面的章节中有详细的阐述，此处不再赘述。）

（5）制订详细的学习计划。包括规定每天或每周要完成的任务，采取的学习方法。这可以是一个学习日程表或待办事项清单，列出你计划学习的主题、任务和截止日期。

（6）消除干扰因素。识别可能干扰你学习的因素，如社交媒体、手机、噪声等，并采取相应措施来减少它们的影响，创造一个有利于学习的环境。

（7）设定奖励和惩罚机制。为了激励自己能够按照计划学习，你可以设定一些奖励和惩罚机制。奖励可以是小型的庆祝活动，而惩罚可以是限制某些娱乐活动。

（8）监督和评估进展。随时监督你的学习进展，定期检查学习进展是否按照计划前进，如果发现偏离轨道，要及时调整学习计划。

最重要的一点是坚持不懈。制订学习计划只是第一步，坚持执行计划才是达到学习目标的关键。

以上只是制订学习计划的通用步骤，在实际的操作过程中，需要根据个体的差异、自身的需求，做出更适合自己的个性化学习计划。

制订一个个性化学习计划是提高学习效率、满足个人学习需求的重要步骤。个性化学习计划需要考虑一个人的学习风格、目标和兴趣，以确保学习更有针对性和有实效。以下是制订个性化学习计划的关键步骤：

（1）自我评估。了解自己的学习风格和需求是制订个性化学习计划的第一步。你可以考虑以下问题：

你是视觉、听觉还是行动型学习者？

你的学习速度是快还是慢？

你的学习目标是什么？

你有哪些兴趣和爱好？

（2）设定明确的学习目标。确定你想要达成的学习目标，确保它们是具体、可测量、可实现的。你可以设定短期目标，如学习一门新技能，通过一门考试，也可以设定长期目标，如取得某种学位或职业发展。

（3）选择合适的学习资源。根据自己的学习风格和目标，选择最适合自己的学习资源。学习资源主要包括教材、在线课程、线下导师、学习类软件等。须确保这些资源与你的学习目标相匹配。

（4）制订学习计划。基于你的学习目标和你选择的学习资源，制订一个详细的学习计划。计划包括学习时间表、学习任务和截止日期。为确保计划合理，你需要考虑日常时间安排和其他承诺。

（5）创造学习环境。设立一个适合学习的环境，远离干扰和噪声，确保你的学习环境舒适、安静，并配备了必要的学习工具。

（6）注重自我反馈。定期评估自己的学习进度，可以通过自我测验、做练习、做作业或与人讨论来实现。根据反馈结果调整学习计划，弥补不足，强化优势。

（7）灵活性。个性化学习计划应该具有一定的灵活性，以适应变化。有时生活中会发生意外情况，这时需要及时调整计划，而不要因为偏离计划而感到沮丧。

（8）持续学习。学习是一个持续的过程，即使完成了一个学习目标，也不要停止学习，要继续探索新的主题和技能，始终保持好奇心。

（9）寻求支持。如果你遇到了学习难题或需要鼓励，不要害怕，要寻求支持，你可以向老师、同学或在线学习社区寻求帮助和建议。

（10）奖励自己。为了激励自己坚持学习，你可以设定奖励机制，通过一个学习阶段后，给自己一些小奖励，以保持学习的积极性。

总之，制订个性化学习计划需要自我认知和耐心。随着时间的推移，你将能够更好地了解自己的学习需求，从而制订出更加有效的学习计划，实现自己的学习目标。

如何为长期学习目标创建学习计划？

长期学习目标是一个重要的追求，可以是取得专技职称、获得学位、掌握新技术，还可以是深入了解某个特定领域知识。然而，要实现这些长期学习目标，你需要一个明智且可行的学习计划。以下是为长期学习目标创建学习计划的关键步骤：

（1）确定长期学习目标。首先，明确你想要实现的长期学习目标。这个目标可能是获得学士、硕士或博士学位，也可能是成为某个领域的专家。要确保该目标是具体、可测量、可实现的，以便可以跟踪进度。

（2）把长期学习目标划分成若干个短期目标。长期学习目标可能会让你感到压力重重，因此将它划分为更小、更具体的短期目标可以帮助你更容易管理。例如，如果你的长期学习目标是获得硕士学位，你可以将每个学期的课程和科研任务作为短期目标。

（3）设定截止日期。为每个短期目标设定明确的截止日期，有助于你保持紧迫感，也有助于你进行时间管理。确保这些截止日期是合理的、灵活的，可以根据你的个人情况进行调整。

（4）评估现有的知识和技能。在开始学习之前，评估你已经掌握的知识和技能，这可以帮助你确定需要重点学习的领域和主题，并避免将时间浪费在已经熟悉的内容上。

（5）制订学习计划。根据你的长期目标和短期目标，制订一个详细的学习计划，包括每个学期或每个月的学习目标、学习资源、时间表和任务清单。确保计划灵活，可以随着学习进展和其他情况调整。

（6）寻求支持。如果你的长期学习目标涉及复杂的学科或领域，寻求专家或导师的支持和指导可能是明智的选择，他们可以提供宝贵的意见和建议，帮助你更好地达成目标。

（7）持之以恒。长期学习目标通常需要耐心和毅力才能达成。在学习过程中可能会遇到挫折和困难，一定要坚持下去。定期回顾你的学习计划，看到自己的进展，这将会激励你继续前进。

（8）目标达成后的庆祝。当你实现一个重要的学习目标时，不要忘记庆祝一下，可以是得到一种物质奖励，也可以是简单的自我鼓励，以保持积极性和动力。

（9）自我反思。定期回顾你的学习计划和目标，评估是否需要做出调整。不断改进你的学习方法，以更好地适应变化和挑战。

确定长期学习目标并创建学习计划是一个持续的过程，它将帮助你更好地实现自己的梦想和追求。记住，坚持和自我管理是成功的关键。

高效的学习计划可以提高学习效率，帮助你更好地管理时间，更容易实现学习目标。关键在于持之以恒、自律和不断改进计划、策略。遵循上述步骤，你将能更轻松地应对学习任务，提高自己的学习效率。

5.2 有效管理学习进度

有了清晰的学习目标和详尽的学习计划，我们还需要对学习的过程进行有效的管理，这就像是一家手机制造商计划在三个月内出货 300 万台新款手机，那就需要各个厂区将 300 万的制造任务进行分解，每个厂区按照自己的生产设备的产能进行分配，剩下的就是监控制造过程。

从某种意义上来讲，科学有效的监控过程甚至比目标本身更重要。

这就相当于我们需要从 A 地海岸到 B 地海岸建造一座跨海大桥，A、B 两地是已经确定的起点和终点，我们需要计算中间要架设多少个桥墩，计算出来之后，我们就要把所有的精力都集中在桥墩的建造进度上，只要保证我们将所有分解出来的任务按时按量完成，这座跨海大桥就一定能够在工期截止之前建成。

在学习进度的管理上，我们一般遵循 SMART 原则。

SMART 原则是一种目标管理的框架，可帮助确保目标具体、可测量、可实行和有明确截止日期。我们只需要把自己的学习目标和学习进度嵌套到 SMART 系统中，就能够对照执行，帮助我们一步步实现自己的学习目标。如图 5-1。

学习中的 SMART 原则

图 5-1

1．具体明确性（Specific）

确保学习目标是明确而具体的，避免模糊或宽泛的表述，使目标清晰可见。

举个例子：我要学习编程语言，我要学习一种乐器，我要考研……类似这样的目标，都叫不明确、不具体的目标，因为它只是一个模糊的方向，并不具备具体性。具体性是指我们的目标非常具象化，清晰，没有任何歧义。类似下面这样的目标，才是明确而具体的，才是有效的目标。

我要学习 C++ 语言，自己能够编写一个包含控制流语句的程序，解决特定的问题。

我要学会吉他，并能流畅地弹出《梁祝》和《加州旅馆》。

我要学习英语，至少能够学会 5000 个单词，并且能够不借助字幕就看懂美剧。

我要学会做视频剪辑，并能够通过这个技能接到付费的单子。

2．可测量性（Measurable）

我们还要确保学习目标是可测量的，以便能够评估进展并了解是否完成了目标。这是我们本章的重点，也是学习进度管理的重要环节。

假如我们的目标是学习英语，并能够不借助字幕看懂美剧，那么我们需要学会大约 5000 个单词。我们的学习时间设定为一年，我们每个月就需要学会 416 个单词，每周需要学会 104 个单词，分解到每天，我们需要学会 14 个单词。坚持一年，5000 个单词的目标就能实现。

之所以要做这样的目标分解，就是为了能够在学习的过程中进行监控管理。14 个单词就是我们每天的小任务，只有完成了每天的小任务，日积月累，最后才能完成我们的大目标，这是简单的因果关系。

我们可以根据自己学习的内容将学习目标进行量化，一是时间上的量化，二是任务上的量化。刚才我们举的例子就是任务上的量化，我们把 5000 个单词做了一整年的均分，最后核算出每天只需要学会 14 个单词就可以了。

如果不是类似英语这种以记单词量为目标的学习科目，我们还可以在时间维度上进行切分量化。即便是纯文科的内容，我们也可以用字数、页数、学习时间等数字予以量化，只有量化的内容才方便管理学习进度。

数字是具体明确的。每天记 14 个单词的任务，哪怕学会了 13 个，也算任务失败，非常明确，不存在任何争议，这也从心理上让我们更加清晰地了解自己应该做什么，以及距离目标还有多远。

3．可达成性（Attainable）

确保学习目标和学习过程是可行的，既具有挑战性又在个人能力范围内，避免设定高不可达的目标。

简单来说，我们设定的学习目标和学习过程都是通过自身努力可以达到的，而不是超出自身能力范围太多而无法完成的，那些遥不可及的目标会大大打击我们的自信，不仅让我们一无所获，还会产生负面情绪。

王健林曾经说过："成为首富可能比较难，但你可以先设定一个小目标，比如先赚一个亿。"许多网友把这句话当成段子，其实是因为我们和王健林之间的能力相差太多了，对我们普通人而言，一个亿根本就不是什么小目标，而是天文数字，是大多数人一辈子也无法赚到的巨款。一个亿的目标对于月薪只有 3000 元的打工人而言，确实不具备可达成性，但对那些每个月能赚 500 万的人而言，确实是个值得努力的小目标。

目标的可达成性指的就是你需要评估自己的能力和目标之间的差距，加上时间的维度，看是否能够完成。如果很轻松就能完成，那就失去了制订计划的意义；如果就算你拼尽全力也无法完成，同样也是在浪费时间。

就我个人而言，明年出版 3 本书，就是一个具有可达成性的目标，但明年获得诺贝尔文学奖，就是个不可能达成的目标。

4. 相关性（Relevant）

相关性指的是我们在学习的过程中要始终确保学习的内容和学习目标与个人能力提升或职业发展密切相关，以便实现更大的愿景或目标。

简而言之，就是不跑题。假如我们学习的是剧本写作，那么在整个学习过程中，我们需要一直围绕着剧本这个主题进行深入学习，而不建议另外添加如外语、绘画等不相干的学习课程。

即便我们需要学习其他内容，也要判断这些内容对实现我们的大目标有没有作用，这些作用包含扩展性、相关性和辅助性。例如，我们的学习目标是掌握素描绘画，那么在这个过程中我们可以学习一些工笔画、国画，甚至漫画的技巧，因为这些内容和我们的学习目标是有相关性的，能够帮助我们拓宽视野，从其他绘画技法的角度提升素描绘画的水平和我们对美的理解。但在这个过程中假如学英语就显得没有必要了，因为绘画和英语之间相关性非常弱或者说缺乏相关性。

同一个时间段内，最好只有一个大目标，过多的学习内容会拖慢你的学习进度，消耗你的意志力，反而得不偿失。

5. 时间限定性（Time-Bound）

我们在管理学习进度的时候，有一个非常明确的标尺，那就是时间。我们必须确保学习计划或进度有一个明确的截止日期，以帮助我们维持焦点和提高紧迫感。没有明显时间界定和限制的学习进度是无法管理和自我监控的。

有明确时间限制的学习进度应该是：我必须在本周学会使用一个前端新框架，并应用于一个小型的程序界面。

接下来，我们用一个完整的案例拆解如何利用 SMART 原则管理我们的学习进度，使之有效推进，并最终完成我们设定的大目标。

SMART 目标：完成一部 12 万字的长篇悬疑小说。

具体明确性：

我需要在三个月内完成一部 12 万字的长篇悬疑小说创作，然后投稿到新星出版社，以参加他们的第 13 届悬疑小说新人大赛。

可测量性：

1—10 天，我会完成小说的大纲框架。

10—20 天，我会完成小说的人物设定和细目撰写。

此后每一天，我需要完成 2000—2500 字的正文创作。如果某天没有完成，我将在第二天补完。

最后，我会留给自己 10 天的时间用来做最后的修改和校稿。

可达成性：

在这部悬疑小说创作之前，我曾经将想法与三位编辑讨论过，他们一致认为无论是从情节还是从创意上，都非常值得创作。另外，这是我第三次创作长篇悬疑小说，我有这样的基础，这件事具备极大的可行性。

相关性：

在此部小说创作过程中，我会暂停小红书、今日头条等平台的内容更新，也将暂停短篇科幻作品的创作，将所有的精力都倾注在这部小说的创作中。

在此创作期间，我的阅读内容也仅限于悬疑小说。

时间限定性：

本创作计划在 90 天内完成。每天创作 2000—2500 字。创作时间为早上 5：00—8：00，晚上 9：00—12：00。

从以上例子中我们可以清晰地了解整个创作计划的总量、时间、深度和进度，这样的目标更容易跟踪和实现。无论是学习还是创作，甚至是锻炼身体和创业，都可以通过 SMART 原则来管理进度。

5.3 利用模拟试卷圈定学习范围

前面我们讲过，学习和游戏最大的区别在于间隔的反馈时间不同。游戏是即时反馈，我们在游戏里随时都能得到反馈，击杀一个怪物会获得经验值、金币、装备，击杀 BOSS 会通往下一关等，这些即时反馈会随时刺激大脑释放令人愉悦的多巴胺，让我们继续不眠不休地玩下去。而学习是延迟反馈，类似于厚积薄发。我们看完一本书，做完一套试卷，感觉没有什么变化，也不会立即把成绩从 60 分提升到 90 分。而想要达成这样的目标，需要学习较长的时间，最后如果我们在某场重要的考试里获得了高分，或者直接拿下某个专业证书，那一瞬间，一直以来积累的延迟反馈才会喷涌而至，我们由此也会得到巨大的满足感。

就像我们给小孩子出的那道选择题："爸爸每天给你一块钱或者到了年底直接给你 500 块钱，你选择哪种方案？"大部分小孩子都会选择每天收到一块钱，因为这一块钱虽然很少，但是看得见摸得着。但那些能够延迟满足的孩子会选择第二种方案，因为他们知道，一天一块钱，一年下来只能收获 365 块钱，而第二种方案可以直接拿走 500 块钱，显然收益更大。只不过第二种方案需要付出更大的耐心。

在学习的过程中，我们需要即时反馈的机制，它能够随时告诉我们，自己提升了多少，还有哪些地方需要重复学习。能够做到即时反馈的最好办法就是做模拟试卷。

做模拟试卷实际上是正式考试的演练，是目标的前置检验，通过做模拟试卷，我们可以提前获得分数，能够从分数上判断自己进步的程度，或知道自己目前所处的位置，距离目标还有多远。

人是需要随时知道自己在“坐标系”上的位置的，这样才能有勇气走下去。关于这个话题，我曾经听过一个故事：

一个国外的游泳健将计划挑战孤身游过一片海域，那片海域距离很长，目前为止全世界还没有人能够游完那样的长度。

挑战当天，海上突然起了大雾，能见度非常低，但因为无论是观众还是媒体都已经集中在了两边的海岸，这位勇敢的挑战者决定还是冒着大雾继续挑战。

在大雾中，游泳健将拼命地在大海里朝前游去，一边游，一边通过防水耳机接受教练员的指示，以免偏离方向。

一个小时过去了，两个小时过去了，他开始体力不支，当他想通过耳机询问自己距离目标还有多远的时候，他发现自己的耳机掉落了。

失去了教练员的指导和对距离的掌控，他感觉自己在茫茫大雾中迷失了自己。最终，他拉开了背上的彩色烟雾，放弃了挑战，精疲力尽的他被救生船拖了上来。

当他得知自己距离目标海岸线只有不到 1 公里的时候，忍不住掩面痛哭：“假如我知道自己的位置，那么我一定能够完成这次挑战。我失败的原因就在于不知道自己距离目标还有多远，支撑我游下去的信念被这大雾给吞没了。”

这个故事启发我们，学习的过程艰难且漫长，我们不仅要朝着目标努力“游过去”，还要时不时地确定自己的“坐标”。

我在学习的过程中走到了哪一步？目前处于什么样的位置？我距离目标还有多远？而这一切都需要在学习的过程中利用模拟试卷给我们自己找一个定位。

对于科目学习而言，做模拟试卷有以下几个好处。

1．圈定学习重点

学生时代很多人都讨厌模拟考试。其实大家并不是讨厌模拟考试本身，而是讨厌考试分数排名带来的压力，以及同学之间比较分数造成的心理落差。

假如我们能够屏蔽这些压力，用轻松的心态或是抱着检验自身学习情况的心态面对模拟考试，那么模拟考试对我们来说就是一种非常好的试炼机会。

想一想，我们考驾照的时候，教练一般都会给我们一本关于交通法规的教材，让我们先学习一遍，或者在驾校模拟考试软件上直接做题，每做一遍题我们就会获得一个相应的分数，我们可以看到自己成绩的变化和进步，当我们连续三次能够得到 90 分及以上时，教练就会给我们安排报名正式的考试。

我们在驾校模拟考试软件上做模拟试卷的时候，即便前几次只能得到 60 多分，我们心里也不会有太大压力，因为没人和我们比较，这个分数不会公布在学校的榜单上，也不会记录在成绩单里邮寄给父母，所以我们才会心无旁骛地学习。我们会回过头来把错题再看一遍，然后圈定这些错题，有针对性地再去学习或记忆。

同理，其实我们可以利用模拟试卷圈定自己的学习重点，那些在试卷上答错的题目正好就是我们下一步需要学习的重点内容。

2. 评估学习成绩

做模拟试卷除了能够帮助我们圈定学习的重点内容以外，还能帮助我们评估自己真实的学习效果和成绩。模拟试卷的得分就是一个非常实际的衡量指标，它能够比较全面直接地反映我们对学习内容掌握的程度。我们可以把要学习的内容比作一段路程，分数就是我们在去往目的地的过程中已经走完的路程，当我们得 60 分的时候，意味着我们距离目的地就还差 40% 的路程了。

把已经获得的分数当成我们已经走完的路，会让我们的学习更有动力和信心，因为即便你每次只提高 2 分，也是离目的地又近了一步。

持续学习的过程除了要巧妙地运用各种高效的学习方法以外，更多的是自我的心理博弈，很多半途而废的学习者不是找不到方法，而是在心理层面没有抗住。

今年年初，身高 1.8 米、体重只有 114 斤的弟弟突然决定要健身。年末，他的体重达到了 140 斤，而且已经练出了一身的肌肉，这让长期坐在电脑面前打字、严重缺乏锻炼的我非常羡慕。

当我提出也想健身，但又害怕自己毫无锻炼痕迹的样子会被健身房的一群肌肉男嘲笑的时候，弟弟告诉我：

第一，健身房里每个认真锻炼的人都很忙，大家没空嘲笑你。

第二，健身房里每个肌肉男都是从菜鸟练起来的，他们深知一个道理，能够走进健身房的人，已经胜过大多数人了，能够坚持到最后的，更是百里挑一，所以没人会嘲笑你。

学习也是如此，当我们把注意力放在学习外围那些不相干的事情上时，我们自然就会感到压力和焦虑，而当我们把注意力放在事情本身的时候，一切就变得简单起来了。

知乎上有人提出过一个问题：我想每天早上 5 点起来跑步，会不会被路人笑话？

有一个回复令人印象深刻：嘲笑你跑步的人，通常起不了那么早。

最后，我们尽可能把分数这种会带给我们压力的数字，转换成其他更形象的东西，让这些在学生时代带给我们压力的数字，变得可爱一些，变得搞笑一些，自己尽可能从被分数统治的阴影里走出来。

让模拟试卷成为铺在我们学习路上的红地毯，而不是绊脚石。

当然，我们如果想通过模拟试卷来圈定学习重点和评估自己的成绩，还需要注意以下几点。如图 5-2。

图 5-2

（1）选择合适的模拟试卷。确保你使用的模拟试卷与你即将参加考试的试卷在格式和内容上接近。最好使用官方发布或经过认证的试卷，以确保质量。因为好的模拟试卷更接近真实的考试内容，就连里面的题型都是从往年的真题试卷中变形而来的，这种模拟试卷不仅真实，还有可能让我们提前熟悉考试的题型。

（2）模拟真实的考试环境。在做模拟试卷时，尽量仿照真实考试的环境和时间限制。比如，开始模拟考试前，我们需要设置真实的考试时限，假如考试时间是 1 个小时，那么我们就需要定好 1 个小时的闹钟。开始做题之后，最好不要离开座位，不能一会儿上厕所，一会儿吃苹果，一会儿玩手机，否则就失去了模拟考试的意义。这样做可以帮助我们适应考试的压力，并且提高时间管理能力。

（3）全面评估你的答案。完成试卷后，仔细对照答案和解析，找出错误并分析错误原因。注意区分是知识点理解不到位造成的错误，还是粗心或时间紧迫造成的错误。

只要不是满分试卷，就代表有学的不到位的地方。在这个步骤里，我们需要把所有的错误题目都找出来，然后进行分类，分析哪些是自己没有掌握的，哪些是明明会做但做错的，是什么原因造成的错误。只有将错误分好类，我们才能够对症下药去复盘改进。

把所有的错误和在模拟考试中蒙对的部分都记录下来，比如特定的题型、知识点，这些都是我们需要重点复习的地方。除此以外，我们还要深入分析为什么写的这个答案是错误的，正确答案为何是对的。这有助于我们巩固知识点和避免将来犯同样的错误。

（4）复盘进步。我们需要定期做模拟试卷，并记录下分数和错题类型。通过不断复盘，我们可以逐渐看到自己在哪些方面有所进步，哪些方面仍然需要加强。不断根据模拟试卷的表现来反思自己的学习策略。如果某个特定的学习方法并没有帮助我们提高成绩，那么就要考虑改变方法、策略或寻求额外的帮助。

模拟试卷不仅可以帮助我们评估当前的学习成绩，还能指导我们未来的学习方向，确保我们能够高效地和有针对性地学习。记住，学习是一个不断进步和调整的过程，不断地反思和调整方法、策略是提高成绩的关键。

5.4 利用复盘让学习效果翻倍

“复盘”最早是下棋用语，意思是在下完一盘棋以后，重新推衍，看看这盘棋的得失以及走法的优劣。后来，“复盘”一词被证券交易员使用，以检视自己在交易时的决策是否正确。

为什么学习也要复盘呢？其实，复盘的目的是“有则改之，无则加勉”。复盘的核心要考查两个方面：一个是做错了什么，“改之”；另一个是做对了哪些，“加勉”。

很多人容易把目光放在做错的事情上，结果就变成“批斗大会”，其实这样做是不对的。复盘时还要关注做对了哪些。有时候，我们歪打正着做对了一些事情，但是并没有意识到这是正确的做法，于是在下一次行动中，那些原本正确的做法没有坚持，就有可能犯错。所以关于那些做对的事情，我们要梳理出要点，继续强化，确保下一次能够稳定发挥。

想象一下，你正在观看一场激动人心的篮球赛。每当关键时刻，解说员都会用慢动作回放来分析每一个细节：目前持球的球员是如何开始进攻的；他是如何晃过一名防守球员，然后利用队友的挡拆突到篮下的。此时他面前还有一位强力中锋正准备对他进行封堵，他究竟是会冒险强行上篮呢，还是会用假动作骗过对方？或者是会出其不意地把球传给三分线外的队友？

球赛复盘就是把曾经的比赛过程用慢镜头重新回放，一个镜头一个镜头地回放，一个动作一个动作地分析，哪里做了正确的事情，哪里出现了失误，都用放大镜找出来。

现在，把场景切换成你的学习过程。复盘就是你学习路上的“慢镜头回放”。就像篮球赛中的慢动作回放帮助球员和教练理解比赛一样，学习复盘帮助我们理解学习过程中的每个细节：我们是怎样处理难题的？在哪些地方卡壳了？我们的答案为什么是错的？

复盘的艺术：从“哈哈”到“啊哈”

类似导演在拍摄纪录片时记录下每个镜头，你需要记录下学习过程中的每个“镜头”。比如，你是如何解决数学题的，或是如何准备英语演讲的。这些记录就是你的“剧本”，能够帮助你在复盘时有的放矢。

在心态方面，面对错误或困难时，我们不要一味自责，而是需要用“哈哈”一笑而过。但在复盘过后，就需要把这些“哈哈”转变为“啊哈”的惊喜时刻。深入思考这些错误产生的原因，让每一个困难都变成学习的“启发”。

如果你觉得复盘的过程太过无趣或者枯燥，可以把这个过程当作一部电影来导演。发现了问题？调整剧本。方法不奏效？换个拍摄角度。不断尝试和调整，直到拍出一部自己满意的“学习纪录片”。

想象一下，你在解数学题时遇到了困难。首先，记录下你是怎样尝试解题的。其次，在复盘时像一个侦探一样找出问题出在哪里，是理解题目出了问题，还是计算方法不对？找到了问题就找到了“剧情”的“反转点”。最后，调整你的“剧本”，下次遇到类似的题目时你就知道该如何“导演”了。

每位导演都有自己的风格，每个学习者也应该发展出自己独特的复盘方式。或许你是个注重细节的人，喜欢深入分析每个概念；或许你更注重整体，更关注整体的学习策略。无论哪种风格，关键是找到最适合你的复盘方式。

有时，单纯地重读笔记可能不够生动，可以试着添加一些“特效”，如用思维导图来组织概念，或是通过讲故事的方式来记忆复杂的信息。这些技巧就像电影中的特效，让学习的内容更加生动和易于记忆。

每次复盘都是对你的“剧本”进行修订的机会。当你发现某个学习方法不够高效时，不要害怕做出调整。学习是一个动态的过程，不断地修改和适应是其不可或缺的部分。

虽然学习主要是一个人的旅程，但与其他人合作也非常重要。就像一部大片需要团队合作才能制出一样，有效的学习也需要与他人交流和合作。与同学、老师或伙伴讨论你的复盘结果，他们可以为你提供新的视角和有价值的反馈。

之所以通过这种生动和通俗的方式来讲述复盘的重要性和方法，是希望能够帮助读者更好地理解和运用这一强大的学习工具。

将复盘视为你学习旅程中的一部分，可以极大地提高你的学习效率并提升效果。记住，每次学习都是一次新的“拍摄”机会，每次复盘都是对你的“作品”进行编辑和改进的时刻。所以，拿起你的“摄像机”，开始你的学习和复盘之旅吧！

第6章 提升学习效果（三）——学习技巧

6.1

框架思维：如何快速熟悉一个新领域

提起《史记》的作者司马迁，只要是了解中国历史的人都会被他渊博的学识、严谨的治史态度所折服，但如果我告诉你，我们现代人所掌握的知识的复杂程度实际上远超司马迁，你会认同这个观点吗？

我们生活在一个前所未有的时代，这个时代给予学习者最大的馈赠就是更容易跨领域获取知识。司马迁的历史知识来源于他对史料的深度搜集、阅读和大量人文知识的积累，而我们现在如果想研究历史，有考古学来佐证，有心理学作为手段，有人类社会学作为基础，甚至有基因科学作为依据。虽然我们写不出如同《史记》这般的皇皇巨著，但如果真要写的话，内容可能会比《史记》更严谨、更科学。

当然，我们这个时代也充满了太多的不确定性，大学学的计算机，未来工作可能会被人工智能代替，学的语言，也许会被手机翻译软件抢了饭碗……如何快速适应时代发展，如何快速熟悉一个新的领域，虽然不是一个必备的技能，但对善于学习的人而言，却是一项出色的竞争力。

不信你问问现在的带货主播，他们两年前做的是什么工作。大概 90% 的主播都是从别的行业转过来的。我曾经在朋友的新媒体公司问过几位年轻的编辑，他们所学专业有的是物流，有的是广告传媒，甚至还有舞蹈的，几乎都与新媒体文案和小红书运营无关，因为他们上大学的时候还没有这些工作岗位。

在我们未来的职业生涯中，也许会遇到同样需要“急转弯”的时刻，如果我们懂得如何快速探索一个新的知识版图，如何正确进入一个新领域，那必将让我们的生活更有安全感。

快速熟悉一个新的领域，依赖的是框架思维。所谓框架思维，简单来说，就是一种将问题或事物分解为各个组成部分，并理清它们之间关系的思考方式。它类似于搭建一个框架或者脚手架，用于支撑和组织我们的思维。

我们可以想象建造一座小房子。在建造的过程中，我们需要考虑房子的基础、墙体、屋顶等各个部分之间的关系和连接方式。框架思维就像建造房子一样，先整体规划好框架的结构和布局，然后再逐步填充具体的内容。

框架思维可以帮助我们更好地理解和解决问题。它让复杂的问题变得更清晰和可管理，让我们能够将问题或事物拆分为更小的组成部分，帮助我们从整体和局部两个角度来考虑问题，从而让我们更容易理解和处理复杂的情况，抓住核心要点，并将各个要素有机地组织起来，以便更高效地解决问题。

想象你站在一片未开垦的土地上，手里拿着一张图纸。这片土地就是一个全新的知识领域，而图纸就是你开垦这片领域的框架思维。

在这个知识爆炸的时代，学习新知识已不再是单纯地堆砌信息，而是要像建筑师一样，用框架思维来构建你的知识大厦。那么，如何快速熟悉一个新的知识领域呢？让我们一步步揭开谜底。如图 6–1。

图 6-1

1. 第一步：确定基座——知道你不知道

你的学习之旅从“认知自己的无知”开始。正如苏格拉底所说：“我唯一知道的就是我什么都不知道。”这并不是削弱你的自信，而是让你清楚地认识到自己的起点。在这个阶段，你要做的是列出问题，而不是寻找答案。问自己：

我想要学习的是什么？

这个领域的基础知识和核心概念有哪些？

我为什么要学习这个领域？

这些问题就像是在地基上打的桩，它们标记了你的学习范围和方向。

2. 第二步：绘制图纸——构建框架

搞建筑需要图纸，学习新领域的知识也需要图纸，这张图纸就是框架思维，它帮助你组织和分类信息。如何绘制这张图纸呢？

（1）探索基础知识。在这个阶段，你需要了解这个领域的基础知识和核心概念。这些基础知识和核心概念就像是建筑的基石，是你在这个领域学习的支撑。掌握了这些内容，大脑中就会建立一个初步的框架，指导着我们未来对每个板块逐个进行深入的学习。

（2）构建知识框架。这一步主要是利用图表、思维导图或概念框架来整理你的知识。例如，你打算学习编程，你可以将其分为语言学习、算法、项目实践等部分。

（3）连接现有知识。将新知识与已有的知识连接起来。这个过程就像在建筑中拉上横梁，加固整个结构。

举个例子：直播行业有以下几个基础知识和核心概念。

① 直播：直播是通过互联网实时传输音频、视频和数据的一种方式。在直播中，主播可以即时与观众进行互动，并实时分享内容。

② 直播平台：直播平台是指提供直播服务的在线平台，通过它，主播可以进行直播，观众可以观看直播并与主播互动交流。知名的直播平台有斗鱼、虎牙、B 站等。

③ 主播：主播是直播平台上的内容创作者，他们通过直播平台分享自己的才艺、经验或生活。主播可以有不同的类型，如游戏主播、美妆主播、健身主播等。

④ 观众：观众是直播平台上的用户，他们通过观看直播来获取信息、娱乐和交流互动。观众可以通过弹幕、点赞、评论等方式与主播进行互动。

⑤ 弹幕：弹幕是观众在直播过程中发送的实时评论，以滚动字幕形式显示在直播画面上，观众可以通过弹幕与主播和其他观众进行交流和交流互动。

⑥ 礼物 / 打赏：观众可以通过直播平台的虚拟货币给喜欢的主播送礼物或打赏，以表达对主播的喜爱和支持。

⑦ 粉丝：粉丝是对主播非常喜爱和支持的观众。粉丝可以通过关注主播、加入会员等方式表达对主播的支持，并享受一些特殊的

福利和互动。

⑧ 游戏直播：游戏直播是指主播通过直播平台实时分享自己玩游戏的过程和技巧，与观众一起体验游戏，进行互动和交流。

3．第三步：添砖加瓦——积累具体知识

有了坚实的基础和清晰的框架后，接下来就是填充具体的知识。这个过程就像在框架上添砖加瓦。

（1）深入学习细节。以学习心理学为例，在上一步中，你已经了解了心理学的大致发展历程，也知道了弗洛伊德、荣格、阿德勒这些心理学大师所属的学术流派和主要观点，接下来你就要根据自己的喜好或需要去选择自己想要深入探索的领域，是传统心理学还是认知心理学，是行为心理学还是个体心理学。

（2）实践和应用。知识如果不用于实践，就像是一面没有粉刷的墙。你需要尝试将所学知识应用于实际情境中，可以是通过实际的项目，也可以是通过模拟练习。

（3）反思和调整。在这个过程中，你需要不断反思自己所学的内容，不断调整自己的学习方法。

4．第四步：精装修——深化理解与扩展

一旦基本结构稳固，就进入了精装修阶段。这个阶段的主要任务就是让你的“知识大厦”更加生动和实用。这不仅涉及知识的积累，更是对知识深层次的理解和运用。

（1）跨领域学习。引入其他领域的知识来丰富和完善你对新领域知识的理解。比如，学习市场营销时，可以融入心理学、数据分析等知识，让

你的理解更加全面。

（2）案例研究。通过具体的案例分析来深化理解新领域的知识。案例分析可以帮助你了解理论在实际中的应用情况，增强你的洞察力。

（3）持续更新。知识是不断发展的，定期更新你的知识库，就像定期维护和升级你的“建筑”一样重要。

通过以上步骤，你不仅能够快速熟悉一个新的知识领域，还能在这个过程中构建起属于自己的独特视角，并对新领域的知识有更深刻的理解。

记住，每个人的学习过程都是独特的，就像每座大厦都有其独特的风格和特色。不要害怕犯错或迷路，实际上每一步都在向着更高的知识层次迈进。开启你的学习之旅，构建你的知识大厦，享受这个过程中的每一次探索和发现。在知识的世界里，每个人都可以成为一名伟大的建筑师。

6.2 调用思维：如何融会贯通

调用思维是什么？是一个人将熟悉领域的知识、融会贯通的能力加上对未知领域的探索精神合在一起使用的思维。

举个例子：小罗是一个办公室职员，他把EXCEL表格、PPT软件用得炉火纯青，他熟悉这些软件的很多冷门功能，公司里任何一个人遇到办公软件的疑问，第一个想到的就是小罗。这里涉及的就是一个人对于某项技能的使用能力。

有一天，小罗突然被老板喊到了办公室，老板说，公司要进行"数智化"改革，让小罗去市场上调研一下，看哪些SaaS系统比较靠谱好用，然后带头推进公司更换新的系统，但要保证现有数据不丢失、财务人员能顺利过渡、操作新系统。这里就涉及调用能力。

这件事对于小罗而言，有三个困难：第一，没干过；第二，不熟悉；第三，不会用。

这就考验了小罗的调用能力。第一，他虽然没有接触过SaaS系统，但他有快速了解、熟悉一个陌生领域的能力；第二，他不了解市面上有哪些 SaaS 系统，但他知道怎么联系到卖系统的业务员；第三，他没使用过 SaaS 系统，但他可以现学现用，通过各个系统的试用版来评估哪个系统最适合自己的公司。

调用能力是一种比使用能力更高级的能力。我们可能疑惑为什么老板会把这件事交给一个对某个新领域并不熟悉的人来负责，但其实未来这样的情况会越来越多。

我们幸运地生活在一个拥有大量现成的、好用的、免费的、能直接调用的工具的时代，只要你愿意下功夫探索，你也能做到。

这是一个技术对人空前友好的时代。有些技术需要付费，但更多的技术是免费的。技术发明者会把有意思的技术封装好，变成尽可能标准化的、界面通俗易懂的、拿来就能用的工具。

现代工具的标准化，不但零件是标准化的，不同工具之间的接口和组合方式也是标准化的。编程语言是通用的，AI 工具包是通用编程语言的通用子程序和库函数，训练 AI 用的数据集的格式也是通用的。不管你用什么编辑器，视频、音频格式都是通用的，只有这样它们才能互相“对话”。

正因为这样，我们才能轻易地把不同领域的工具组合在一起，去做一件没有人做过的事情。在这个过程中，我们需要锻炼和运用自己的调用能力，把所有的外在资源进行拆装和组合，完成看似复杂，实际上更多是需要实践的事情。你不需要发明那些底层技术，你只要有个好想法，有条件实践就行。这就是新时代发明家所做的事情。

“君子生非异也，善假于物也。”现在的“善假于物”，与其说是你善于熟练使用某个工具，不如说是你善于想到、拿到、用到现代科技圈提供的任何一个工具。这就需要你有很强的调用能力。

这种情况下，工程师、发明家、创业者和企业家不但需要熟练使用自已常用的那几个工具，更要对当前科技圈流行的新工具，每个工具大致的原理和用途，去哪里找这些工具有个基本的了解。这就要求你对科技圈有一定的了解，平时多看多问，有什么新鲜的玩法你要及时知道。

如果你做的是一件以前没有人做过、尚未形成固定流程的事情，那么知道现在有哪些新工具可用比熟练使用一个旧工具可能会有用得多。

一位出租车司机，对自己所在城市的每条街道都很熟悉，哪里有好吃的、好玩的更是如数家珍。但当他到外地旅游时，就需要他能够熟练使用大众点评、携程、滴滴打车、地铁通等各种软件，去完成从攻略查询到酒店预订，再到购买旅行套餐和景点门票等各种事情。

我们每到一个地方旅行，那里对我们而言都很陌生，但我们敢于尝试，敢于打听，敢于磕磕绊绊，最终我们每次都能完成一段美好的旅程，这就是调用能力赋予我们的最好礼物。我们从此不再惧怕去任何新的地方，而是渴望去更多未去过的地方。

我们出生时预装的信息十分有限，但我们的大脑有非常强的学习能力。大脑本来就是个现用现学的系统。

你知道一个工具的存在，约等于你会调用这个工具；

你会调用这个工具，约等于你会学习这个工具；

你会学习这个工具，约等于你已经会用这个工具；

所以，你知道某个工具的存在，约等于你能利用此工具把某件事做出来。

“会不会”，只是一个暂时状态，其实意义不大。知道去哪找解决方案，尤其是知道在当前技术条件下科技圈里有没有适合解决这个问题的方案，才是最重要的。不管什么新工具，拿过来就能迅速使用，这个调用能力才是最值钱的。

所以大学教应用不应该专门强调某项技术的熟练度，更应该强调快速寻找新工具和调用新技术的能力。那种对照老课本抠细节的学习方式已经过时了，现在应该多搞项目式、分组合作式、开放式的学习。

聪明人在一起做事，完全可以不需要现场有任何人“会”做，只需要其中一个人能迅速找来做这件事的工具，然后大家一起上手做，这就够了。

在这个科技迅速进步、新事物急剧变化的时代，搜索高于学习，学习高于熟练。“我听说过”比“我做过”更有用，模模糊糊的观念比对细节的熟悉更能给你掌控感，调用能力比使用能力更能帮你把事情办成。

6.3 行动思维：用福格行为模型打败拖延症

每当新的一年来临之际，大多数人都会对新的一年充满无限的憧憬和希望，大家会在新旧交替的日子里展望未来，纷纷立下自己的flag。但当代人的现状就是："今年立的目标，是完成去年承诺本应该在前年甚至大前年完成的目标。"

我们年年给自己定目标、许承诺，为什么年年都完不成呢？这导致现在很多人在新年的时候开始放弃给自己立flag了。

到底是什么阻碍我们完成这些目标呢？除了客观原因之外，我想最大的拦路虎就是拖延症了。

身边很多人都觉得自己有拖延症，经常有朋友向我咨询到底如何才能克服拖延症。在朋友的眼里，每天5点起床写作的我一定超级自律并且完全没有拖延症的困扰，实际上不是这样的，我也曾饱受拖延症的折磨。

我总是告诉身边的朋友，每个人都有拖延症，没错，是每个人。因为人的身体天生向往舒适，我们喜欢温暖的被窝，喜欢可口的美食，不喜欢挑战不确定，不喜欢在寒冷的天气起床跑步，这都是天性使然。

但如果拖延症太过严重，则会影响我们工作、学习的效率，阻碍我们自我成长，并且会让我们的自我评价变低，还容易掉入负面情绪的漩涡。

如何打败拖延症呢？有很多专家提出了各种各样的方法，我建议你尝试使用一下福格行为模型。

什么是福格行为模型呢？这是由美国斯坦福大学教授布莱恩·福格（Brian Fogg）提出并用他的名字命名的行为模型。福格行为模型主要用来解释人们为什么会做出某种行为，比如“为什么你会早起跑步？”当然，它也能用来解释人们为什么没有做出某种行为，比如“你本来计划早起跑步，今天却没去，为什么？”对于这两类问题，福格行为模型都能给出合理的解释。

福格行为模型可以用一个公式来表示：行为 = 动机 + 能力 + 提示（Behavior = Motivation + Ability + Prompt）。

从这个公式中可以看出，人的行为背后有三大要素，分别是：动机、能力、提示，且这三个要素缺一不可。如图 6–2。

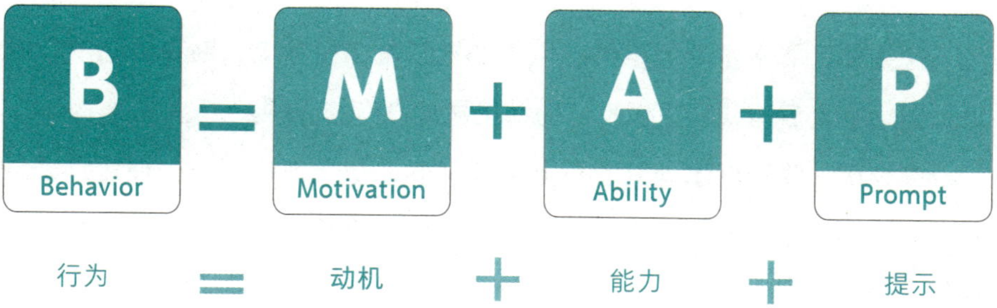

图 6–2

动机：动机是我们想做某事的冲动，是驱动行为的内在力量。但高动机并不总是好事，因为当任务很难时，高动机可能导致焦虑。

能力：能力是我们完成任务的实际能力。如果任务太难，我们就可能因为感到无能为力而拖延。

提示：是否存在有效的提示来提醒我们什么时候开始行动，就像是闹钟响起，提醒你该起床了。没有适当的提示，即使动机高、能力强，我们也可能不会采取行动。

福格行为模型和拖延症有什么关系呢？其实，福格行为模型能让我们更好地理解和分析拖延症内在原因。拖延也是一种行为，它可以被拆解成动机、能力和提示三个环节。你可以把它们想象成三根链条，任何一根链条断了，都会导致拖延行为发生。

我们经常拖延的事情都不是小事，都是重要事情，举例说明：

我们的毕业论文该提交了，但我们一直拖着。这件事关乎我们能否顺利毕业。

我们的肚腩已经很大了，我们必须锻炼身体。这件事关乎我们的身体健康。

我们的工作总结该写了，我们也一直拖着。这件事关乎一整年的工作成果展示。

……

这些都是非常重要的事情，但当你把它写在便签上，贴在自己的电脑显示器边框之后，我们想做事情的动机居然没有原先强烈了。

多少次，我们麻木地盯着待办事项列表，却发现找不到一件让自己感到兴奋，想马上就动手去做的事。随着时间的推移，我们的动机不断地被稀释、淡化。

那该怎么办呢？最佳的解决方案就是帮自己重新建立动机。你可以找出一件自己一直在拖延的事，想想当初为什么计划做这件事，让自己再一次直观地感受这件事的价值和意义。

重新建立动机的诀窍在于，我们要尽量把这件事和个人收益关联起来。利用我们最初的动机让我们感到兴奋，从而驱动自己去完成。

试想一下，如果我们把拖延的事情完成，我们会获得怎样的好处？

如果我们顺利提前完成毕业论文，我们就能在同学们都焦头烂额的时候轻松去做别的事情；如果我们高质量完成了整年的工作总结，未来就会获得更多晋升的机会；如果我们健身成功，别人就会向我们投来钦佩或羡慕的目光……

尽可能把我们能够获得的好处想得更细致、更真实，这样我们的动机才会更明确，驱动力才更强。

此外，我们还可以从能力方面下手。如图 6–3。

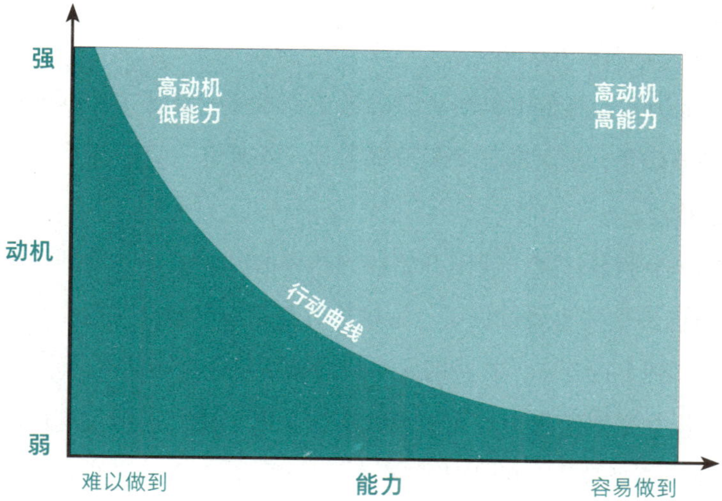

图 6–3

拖延还有一个很大的原因，就是这件事在我们的生活或者工作中很难做。

如果是简单的事情，我们不会拖延。你大概不会拖延在网上点外卖，或者到楼下遛狗这种事情。一旦某项任务难度很大，我们就不愿意做，于是开始拖延。

甚至，就算我们已经下定决心准备攻克一个困难的任务，过程中也非常容易分心。比如在做一个非常艰难的策划类 PPT 的时候，旁边有同事过来搭话，你也许会马上和她聊起天来；如果手机有新消息的提醒，你也会马上拿起来看看，尽管那可能只是一个骚扰短信或者广告推送。

这是为什么呢？原因就出在能力上。从难易度上看，分心比工作要简单多了。做 PPT 要耗费你很多脑细胞，但回微信只需要拿起手机打字就可以了。人会本能地逃避困难的事情，去做简单的事情。

可怕的是，研究发现，我们越不经常做困难的事情，就越觉得它困难。这就像一个健身的人，本来拼尽全力能够卧推 40 公斤重量，但因为这件事很难，不愿意天天做，干脆一周做一次，甚至半个月才做一次，久而久之，可能连 30 公斤都推不起来了。

解决能力不足最好的办法就是降低工作难度，降低工作难度最好的方式就是拆分任务，把大的任务拆分成若干个小任务，这样无形之中就降低了工作的难度。

作为一个职业作家，我刚开始接到约稿的时候，光是听到一本书要写 35 万字就已经快要昏死过去了。编辑告诉我，在与她合作的作者里，有些人的书要写到上百万字，有些网文小说的总字数甚至高达千万字。

如果你总是把注意力放在庞大的字数上面，就会变得很有压力，也很容易拖延。编辑教给我的小诀窍就是：一天 3000 字，一个月 9 万字，不到 4 个月就写完了。

35 万字对于刚刚入行写作的人而言是一个相当庞大的数字，但每天 3000 字对我来说还是可以做到的。我保持每天写 3000 字的习惯，不知不觉半个月过去了，我统计了一下字数，已经 6 万字了，超额完成任务，内心也就更有动力了。

最后，我们再从“提示”的维度看看怎样克服拖延症。

有时候，我们有充分的动机，也把任务拆分好了，可还是会拖延，那原因就可能出在提示上。

提示是提醒我们当下马上行动的信号。比如说，月底我要给编辑交稿，我明知道还有 10 天就要到期了，但一直拖着没有写完。这时候，编辑给我发来信息，问我：“老师，请问稿子写到哪里了？”

我每次看到编辑的催稿信息，立刻就会头皮发麻，并且会立即行动起来。这条信息就对我的任务起到了有效的提示。当然，作为一个几乎每次都能按时交稿的作者，我不能老是依靠编辑催稿，还需要自己战胜拖延症。我给自己设置了提示信号。

什么样的提示最有效呢？答案是设置连锁提示。

第一个提示是用手机设置一个定时提醒，让自己在设定好的时刻在办公桌前坐下来。你可能并没想好做什么，没关系，先坐下来。

第二个提示就是倒计时 5 分钟，在 5 分钟之内盯着待办事项列表，挑出一项任务来做。如果 5 分钟计时结束，你仍然没决定做哪项任务的话，那就随机选择一项任务，立即去做。

通过连锁提示，你能快速让自己投入工作状态。

还有一种提示，就是增加你“看见”任务的概率。什么意思呢？举个例子，假如你要制订春节假期的旅行计划，那得提前订机票吧。为了让自己不拖延，你可以下载一张飞机图片，设成手机壁纸。这样每当你拿起手机时，就会看到飞机图片，然后就会想起要赶紧订机票——这就是一种增加看见概率的提示。

这种方法你也可以反过来用，减少提示的方式来提升专注力。比如，在工作的时候，把手机放在别的房间或者打开静音模式，关闭微信电脑端的新消息通知，把工作用的软件全屏打开，这样就看不到其他软件的图标，这些做法都是减少或消除分心的提示。你越难分心，也就越不会分心。

按照这个行为模型，导致拖延症的三个因素分别是：动机不足、能力欠缺以及提示不够。很多人会认为拖延症就是自律不强导致的，所以每次拖延后都很自责。而福格行为模型给我们的最大启发就是：拖延症是个系统问题，它和人固有的行为模式有着密切的关系，没必要苛责自己。我们需要做的就是聪明地调整做事的方法。

所以，每当我们拖延的时候，先不要责怪自己，而是冷静下来想一想，到底是动机、能力和提示哪个环节出了问题，然后对症下药，制定应对策略。

6.4

练习思维：有目的、有系统地刻意练习

安德斯·艾利克森（Anders Ericsson）是一位心理学家和教育学家，他提出了“刻意练习”（Deliberate Practice）的概念。刻意练习是一种有目的、专注和系统的练习方法，旨在提高技能和专业能力。艾利克森研究了不同领域不同水平的大量学习者，有新手、普通专家、高手和某个领域公认的大师。一个人成就高低不能简单解释为天赋，大多数技能（艺）上的“天才”可以拆解成许多具体动作，每个动作通过刻意练习臻于完美。如图6–4。

图 6–4

当然，艾利克森所说的练习，并不是盲目地、机械地重复，而是有系统、有目的且专注地练习。这种学习方法的核心在于以下几个方面：

（1）有目的性。刻意练习要有目标和明确的目的。学习者需要明确自己想要达到的技能水平，并制订相应的训练计划。

（2）专注力。刻意练习要求学习者全神贯注地投入练习中，排除干扰和分散注意力的因素。重点是集中精力进行反复练习，以不断提高自己的技能水平。

（3）反馈。刻意练习强调及时、明确的反馈。学习者需要知道自己在哪些方面做得好和不好，以便调整练习策略和改进表现。

（4）适度挑战。刻意练习要求学习者将自己推向适度挑战的边界。这意味着练习的任务难度应该比当前技能水平稍微超出一点，以激发学习者的积极性和潜力。

艾利克森认为，刻意练习是达到卓越表现的关键因素，而天赋和基因的作用相对较小。他的研究显示，成功的专家和精英在某个领域花费了大量的时间和精力进行刻意练习，从而取得了显著的成果。

值得注意的是，刻意练习不仅适用于体育运动和音乐等具体技能领域，也适用于学术、科研及其他领域。通过刻意练习，人们可以不断提高自己的技能水平，并取得更好的成绩。

练习很重要，这个观点人人都赞同，古人也深谙这个道理，无论是卖油翁的油线穿币还是庖丁解牛的游刃有余，无不说明着练习的重要性。

但在大多数人的认知里，练习这件事始终处于学习决定因素排序中的第二位或者第三位，因为人们对天赋、悟性等个体差异看得比较重，很多人认为，学习同样的内容，学习者的悟性和天分是拉开距离的主要原因。这也是为什么在大量的武侠小说和修真网文的故事安排中，主角可能不是最努力的那个人，但一定是最有天赋和悟性的。这听上去似乎很有道理，但在刻意练习的概念里，“练习就是一切”。换句话说，只要你投入足够多的努力，又有足够好的训练方法支持你的练习，你就能在任何一个领域成为高手。无论是运动、音乐、国际象棋，还是成为医生、数学家、商人，抑或是想要改变自己的人际关系、性格特点。只要你想，你就能通过刻意练习让自己做到。

刻意练习的方法真的这么神奇吗？我们需要了解刻意练习的作用原理。我们分三个关键词来介绍："刻意""精准""重复"。

1．刻意对照练习

首先说"刻意"。刻意练习跟普通的练习不一样。普通的练习是重复已有的动作。假设小明是一个篮球爱好者，他正在练习中距离投篮，在没有任何专业人士指导，又没有掌握正确动作要领的情况下，完全按照自己的喜好和习惯每天练习投篮 10 000 次，那么他的投射水平不仅进步很慢，而且不标准的动作会让他在踏入正规球场训练的时候因为形成了肌肉记忆而变得更加难以纠正。

而刻意练习就是要打破这种僵化的重复。每一次练习，都必须让自己更接近正确的动作。所谓刻意，就是要主动调用慢系统，进行自我控制。如果没有"刻意"这个前提，处于系统"不走心"的状态，练着练着就会回到过去的模式。这个过程是不假思索的、快速的，甚至是愉悦的，但恰恰是你需要克服的。

我们重新回到投篮的例子，假设小明被一个专业教练看中，开始由教练指导训练投篮，教练首先要做的事情就是纠正他的动作。他感觉浑身别扭，觉得跟习惯的投篮动作完全不一样。这种感觉才是对的，说明他正在对抗自己过去的习惯。刻意练习一开始，恰恰需要有一点较劲的感觉，不能让自己进入太舒服或流畅的状态。如果你觉得手脚都不知道往哪里放，那就对了。

不光是体育技能的练习会让人感觉别扭，生活中一些微小的改变也会让人产生不自然的感觉。比如许多刚开始练习冥想的人，都会在坐下来之后的两三分钟内开始胡思乱想，心猿意马。这是因为冥想本身要求我们停止想象、专注呼吸，而这和我们人类的本能是相违背的，人的大脑在闲下来的时候会自动进入漫游模式。这时候我们会浑身不自在，只能刻意、反复地提醒自己，“我需要用新的习惯代替旧的习惯，而这本身就需要刻意练习”。

2. 精准反馈问题

你可能会想，简单的事情通过让自己保持刻意状态，坚持一下就能做到。那复杂一点的技能，我们怎么保证现在做的就是对的呢？这就涉及刻意练习的第二个关键词——“精准”。

精准是通过行为反馈实现的。我们继续用小明投篮那个例子，小明练习的每个投篮动作，教练都用摄像机拍下来，练完之后回放，让小明自己看，这就是反馈。他一开始看到视频里自己投篮的姿势，非常吃惊：“怎么会这么难看？”

标准的投篮姿势他是知道的，也一直认为自己的投篮动作很标准，但直到亲眼看到录像中的自己，才知道自己离标准差得多远。有了反馈，下一轮练习就有了优化的方向。

比摄像机更有针对性的，是请一个富有经验的人进行现场指导。学习任何技能都是如此。我曾经在学习平面设计的过程中找了一位行业里小有名气的设计师做导师，正因为他非常厉害，所以多次我在使用设计软件时遇到问题都不好意思问他，担心会被笑话，但自己琢磨很久也没有办法解决，最后还是鼓起勇气请教了导师，问题很快就迎刃而解了。不仅如此，他还告诉我设计软件的这种功能背后的逻辑，真是让人大开眼界，因此我的平面设计水平进步神速。

3．重复有效练习

刻意练习的第三个关键词就是“重复”。

通过刻意为之的、不断优化的行为练习，我们逐步获得了一种新的反应模式。这个过程的要诀只有一个，就是重复，大量地重复。在重复过程中，新的反应就会逐步嵌入大脑，从一个需要刻意启动的动作，慢慢取代了原来的自动反应，成为新的肌肉记忆。

刻意练习，它会让学习的动作变得更简单并易于实施。

第7章

精准学习

不同领域的学习方法

7.1 公考的学习要点

在公务员考试中，行政职业能力测验一般是复习的重点，可是对于如何复习，每个人都有自己的做法：有的同学买了一本讲理论的书从头看到尾，有的同学狂“啃”模拟卷，有的同学则抱着真题库狂刷题……真是八仙过海，各显神通。

学无定法，不存在哪种方法好或者不好，只要是适合自己的，能够切实提高成绩的方法就是最好的方法。

但在复习的过程中，做真题卷和模拟卷的确是备考中极其重要的一个法宝，用好这个法宝能够让我们在复习中事半功倍，有效地提升知识掌握程度和考试成绩。

那么我们该如何做呢？这里给大家提供一个“用试卷指导复习”的思路，供大家参考借鉴。

1．用试卷摸底，知己知彼，规划如何系统复习

行政职业能力测验包括言语理解与表达、数量关系、判断推理、资料分析和常识判断等五大部分。它考查的是考生的基本素质和能力，有点智力测验、心理测验的味道。我们可以说它很简单，简单到有的人裸考都能考到一个好的分数，一举成“公”；也可以说它很难，难到很多人复习了很

久依旧难以入门、考不到高分，名落孙山。

特别是刚刚接触公务员考试的新人，对行政职业能力测验往往是一头雾水，有的人不知道复习什么，有的人不知道该怎么复习，还有的人不知道复习的效果体现在哪里。

其实，就像我们之前章节讲过的，我们首先要做的就是给自己定个坐标，看看自己距离目标还有多远。具体来说，就是要知道自己在行政职业能力测验的考试中到底是什么水平，能考多少分，处于一个什么位置，有哪些优势和劣势。

有可能你从来没有接触过行政职业能力测验，身怀绝技却不自知，也有可能你是 985、211 高等院校的优等生，可是对行政职业能力测验却一窍不通。要解决这个问题，首先要做的就是老老实实坐下来，不限时间地做几套真题卷，然后参照答案，看看自己的总分和五类题型的得分。

这一步可以不用给自己限制时间，通过不限时答题来初步摸清自己的知识掌握情况，发现自己的优势和劣势，这样才能够指导接下来的系统复习：

对于得分高的题型，要注重提高答题速度，在复习的时候可以重点学习答题技巧；

对于得分低的题型，要在复习时多花时间，从基础学起，重点提升，这是通过复习能够得到较大回报的一部分；

对于得分中等的题型，一方面要补足不懂的知识，另一方面要提高准确率，可以在复习中采取题海战术，多做题、多思考，力争更上一层楼。

2．用试卷检验，发现短板，适时调整复习计划

行政职业能力测验和其他学科不一样，真题卷不多，就那么几套，模拟卷一般也就几十套，做完就没有了。所以每一套试卷都是极其重要的资料，好钢要用在刀刃上，我们一定要保证每一套试卷都能取得促进提升的

效果。

每复习一个阶段，就要用这些试卷来检验复习效果和自身所掌握的知识结构的变化。这个阶段检验的是复习的效果，所以需要给自己限制时间，尽可能地还原考试的情景。

我们还要注意，在模拟考试的过程中，要抱着“得高分”和“查短板”的目的来答题，在做试卷的过程中，十拿九稳的题、模棱两可的题、完全不会的题，都要用不同的颜色做上标记（还记得四色笔记法吗？详见 3.3 利用笔记梳理加深记忆），待阅卷后分类处理、重点突破。

我们可以把自我感觉十拿九稳却做错了的题归纳在一起，这类题之所以出错，要么是粗心大意，要么是掉入了出题人的陷阱。如果是因为粗心大意，提醒自己审题时要更加仔细；如果是掉入了出题人的陷阱，我们要记住这个陷阱的类型，并且能举一反三，在考试中如果再遇到，我们就能避免重复掉进同一个陷阱里。

对于那些有感觉却不会做的题，不管在模拟考试中是否侥幸答对了，都意味着这一块知识你掌握得不是很彻底。需要在下一阶段重点对待，通过分析考点、复习巩固，一般能将这类题目转化为有把握的题型。

那些不会做的题，就是我们在此次模拟考试中发现的知识短板，一定要找到它的考点，回到书本，把与之相关的知识点再次学习巩固，并且找到同类型的专项练习题，集中练习、重点突破，弄懂、弄透彻，这些地方都是进步的空间。

3．用试卷演练，总结方法，挖掘最佳答题方式

用不限时的方式做题，主要是为了检测知识掌握情况；用限时的方式做题，主要是为了检测答题效率情况。

在复习中后期，要通过限时答题、模拟考试，搞清楚自己在五个题型上的优势和劣势，以及各类题型在考试中应该花费的时长，总结有效的应

试措施，以达到最佳的效果。

（1）调整答题顺序。

在考试过程中，如果把自己拿手的题型、准确率高的题型放在最前面做，就会越做越有信心，越做越兴奋，可能平时不会做的题也能做出来；反之，如果一开始就碰到“拦路虎”，做的都是不会的、不确定的题，那么就会越做越犹豫，越做越崩溃。所以在模拟考试时，要有意识地调整答题顺序，最先做自己拿手的题型，这是个小技巧，但是很有效。

（2）规划答题时间。

根据平时模拟考试情况总结自己的答题时间。以河南省行政职业能力测验考试为例，考试时间为两个小时，言语理解与表达 30 题，数量关系 15 题，判断推理 35 题，常识判断 20 题，资料分析 20 题，总共 120 题，平均每题一分钟作答时间。

要结合自己的情况分配答题时间，如果常识判断、言语理解与表达答得好，就可以挤出来三五分钟，把这些时间酌情分配到数量关系、资料分析等题型中，或许就能多答对几道题；如果数量关系、资料分析实在不会，也可以先把简单的题拿下，对于一头雾水的难题战略性放弃，将多出的时间调整到其他准确率高但是时间不充分的题目中。对时间进行这样的再分配，初步确定自己在考场中每一类题型的用时，争取在有限的时间内得到最高的分数。

总之，在公务员考试的学习和复习要点上，尽可能灵活运用我们之前讲过的知识点，不生搬硬套，不死记硬背，要有策略、有选择、有计划、有步骤地进行。在所有的高效学习技巧中，没有任何一种方法能够适合所有的人，就像一把钥匙不可能打开所有的锁一样，没有最好的学习方法，只有最适合自己的方法。

7.2 职业技能类考试的学习要点

职业技能类的考试在准备上，可以采取理论加实践的方法。职业技能类考试，有些侧重于实践，有些则侧重于理论，因此需要根据我们所选择的职业技能考试类型的实际情况做相应的调整。

根据我个人的经验，但凡是需要实践应用的，那我们尽可能多在实践中动手，这样能够反哺我们学到的理论知识，理论知识也能够在动手实践的过程中得到验证，使得印象更为深刻。

在开始学习一门职业技能之前，和所有的学习项目一样，先给自己制订一个详尽的学习计划表，在这张学习计划表中，我们需要明确地标注出自己必须掌握的内容，以及每天、每周、每月的进度。

1. 侧重理论的职业技能

有些职业技能类科目比较偏向理论，考核大量的条文内容，而动手操作可能会放在真正的工作和实践中去，类似这样的科目，可以先从理论入手，毕竟它在考试中的分数占比很大，且理论内容较多，需要投入的时间和精力也更多。

针对偏理论的职业技能的考试，复习时快速找到核心知识点，深入学习，不能浅尝辄止，有些内容是必须掌握的，有些内容则可以快速略过。

举个例子，在专业性较强的财务会计类的职业技能学习中，掌握核心的财务会计知识至关重要。一般情况下，我们在准备财务会计考试时最需要掌握的核心内容如下：

（1）基础会计原理。了解会计的基本概念、原则和假设，如收入确认原则、匹配原则、历史成本原则等。

（2）财务报表。掌握资产负债表、利润表、现金流量表等财务报表的编制和分析方法，理解每种报表的构成和它们之间的联系。

（3）账户处理。熟悉各种类型的账户，包括资产、负债、所有者权益、收入和费用账户，理解借贷记账法则及其应用。

（4）会计循环。理解从交易识别到财务报表编制的整个会计循环过程，包括记账凭证的编制、账簿的记录、调整分录的处理等。

（5）审计和内部控制。掌握审计的基本原则和方法，以及内部控制体系的概念和要素。

（6）税务会计。理解税务会计的基本概念，包括所得税的计算、税收筹划和延税资产及负债等。

（7）财务分析与管理会计。学会如何运用财务比率进行企业财务状况的分析，以及管理会计在决策支持中的应用。

（8）国际会计准则。如果考试内容涉及，需要了解国际财务报告准则（IFRS）或美国通用会计准则（US GAAP）等。

以上理论知识是财务会计类考试的核心内容，需要牢牢掌握，而类似会计软件的上机操作相对而言不太重要，我们可以根据内容的重要程度调整学习的优先级别，分配投入的精力和时间。

此外，职业技能类考试的学习相对于学校的学科学习而言会更轻松一些，我们可以充分利用各种学习工具和资源，比如在线课程、指定教材、模拟考卷等，灵活安排学习进度。

值得注意的是，职业技能类考试的学习同样需要分阶段进行模拟考试，用来检验自己的复习效果，复盘哪些内容自己已经掌握，而哪些内容需要进一步强化记忆。

2. 偏重实践的职业技能

这种类型的职业技能学习需要较强的动手实践能力，对应的考试如厨师资格证考试、机动车驾考、计算机等级考试等。

在偏重实践的职业技能学习中，我们需要把更多的时间和精力放在实践中，在实践的过程中遇到问题，带着问题回到书本理论中寻找答案，这样一来，我们不仅会很快记住学习的重点内容，也会记得更加牢固。

职业技能类科目的学习还有一个快捷方法，就是了解了大概的学习内容之后，直接上手实践。这里说的实践，指的是直接到相关的工作岗位上学习，去操作，去磨炼。

我身边就有这样的例子：姝贤是一个舞蹈系的毕业生，毕业后一直从事舞蹈教育的工作，但因为肺部结节做了手术，后来由于身体原因不再从事该工作，她开始学习新媒体运营的职业技能，打算考下证来能够找个新媒体运营、编辑之类的工作。

有一次在和朋友聚会的饭局上，朋友推荐她到一家大型餐饮公司做线上运营工作，姝贤担心自己胜任不了。一方面，她并不了解线上运营和新媒体运营之间有什么区别；另一方面，她才刚开始学习新媒体运营，只会一些简单的文案编辑和视频剪辑，诸如图片处理、数据分析这些内容还没开始学习。

朋友鼓励她说：“你可以试试先以实习生的身份进去工作，一边工作一边学习。”而且据了解，那家公司有着非常成熟的运营团队和管理人员，可以带着姝贤学到不少东西。

在朋友的推荐下，姝贤鼓起勇气去那家公司面试，得到了实习的机会。短短三个月，姝贤不仅完全了解了线上运营的全貌，对美团、抖音后台和餐饮流量变现方法也都了如指掌。

仅仅一年时间，姝贤已经成为独当一面的资深运营人员，也顺利拿到了新媒体编辑的职业技能资格证书，可谓一举两得。

学习一门以实践为主的职业技能，最好的方式就是直接把自己丢进工作场景里，就像在地面上永远学不会游泳一样，我们需要下水，在水中练习游泳，这才是最好的学习场景。

7.3 副业变现的技能学习应用

网友凤凰落是一名医院的药剂师，但同时还是晋江网的著名女频小说作家。

小姚是一个美团 BD（商务拓展），但同时还开了一家新媒体公司，手上运营着 10 多家餐饮公司的线上售卖平台。

NANA 是一名公司文员，但下班回到家之后，坐在自己的书房里，摆好各种录音设备，拿出稿件就化身为喜马拉雅 APP 上的一名专业小说配音师。

生活中，我们身边拥有“斜杠技能”的人越来越多，在这个变化多元且充满不确定性的时代，几乎没有哪个职业能够赋予我们足够的安全感。在快速变化的社会中，也许是为了抵消未来不确定性带来的不安全感，也许是为了能够在工作之余再多赚一份钱，也许仅仅是兴趣爱好使然，越来越多的人选择了学习一门副业技能，成为“斜杠青年”。

“斜杠”已经成为一种生活态度，更是一种职业选择。我们该如何选择适合自己的副业？又该如何高效学习有关技能呢？

我们面临的首要问题就是副业技能的选择。在众多的技能中，有些特别适合我们学习，但可能不太容易变现；有些容易变现，但我们却不太感兴趣。所以我们需要根据自己的实际情况来选择，如果你是以兴趣爱好为主导的，即便变现比较难，大概也会甘之如饴；如果你是以赚钱为目的的，就不用考虑兴趣爱好，而要把利益最大化放在首位。

目前，各种各样的副业技能都有，从受欢迎程度和变现难易度上看，以下几种较为热门。

1．数据分析

在数字化时代，数据分析师的需求日益增长。无论是社交媒体管理、内容营销，还是搜索引擎优化，都需要数据分析师。许多岗位不需要特定的学历背景，而且市场需求大，容易找到兼职或远程工作的机会。

2．CG 插画

人们对精美的画面有着天然的追求，现在，无论是爆发式增长的游戏、动画、漫画领域还是出版业，对 CG 插画的需求量都非常大。当然，插画这个技能受到青睐的关键原因在于，它能让我们在家工作，成为一个全职的自由职业者。

3．写作与自由撰稿

如果你有文字天赋，那么写作和自由撰稿也可以成为你的副业。无论是自媒体文章还是广告软文，甚至是小说、剧本、短视频脚本、游戏背景设定等，都需要文案，以上都是可以施展才华的场景。这些工作都可以在业余时间进行，且潜在的收入相当可观。

4. 音视频剪辑制作

随着社交媒体的兴起，高质量的视听内容越来越受欢迎。如果你对摄影或视频制作感兴趣，可以考虑将其作为副业。通过拍摄短片或制作企业宣传片等方式，你可以将爱好转变为收入来源。

选择副业时，你需要考虑自己的兴趣、现有的技能和可投入的时间。一个好的副业应该既能给你带来收入，又能给你带来乐趣。

你可以拿出一张白纸，从中间划一条竖线，把白纸分为左、右两个版块，把你感兴趣的领域写在左边，把你擅长的技能写在右边。然后开始分析，如果你对某个领域特别感兴趣，又刚好有一些特长，那么这个领域就适合你。

接下来，你需要考虑在这项副业上投入多少时间和精力。首先需要说明的是，无论你对这个副业多么感兴趣，都不应该影响你的主业工作，尤其是在它还没有给你带来收益的时候。否则，它可能会让你失去主业工作。

确定了每周投入的时间之后，就可以调研一下你选择的副业在整个市场上的行情和需求量了。如果你选择的副业极为小众，但在市场上恰好非常稀缺，那就毫不犹豫地继续下去吧；如果你选择的副业既小众，市场需求又不大，那你就需要评估一下自己学它的初心是什么，是为了兴趣，还是为了赚钱？如果答案是后者，请果断放弃。

一旦选择了副业，接下来就是学习和实践的过程。

首先，你应该选择合适的学习资源。根据你选择的副业寻找相应的学习资源，这些学习资源包括在线课程、书籍、专业的视频教程等。要选择那些评价高、内容丰富且连续更新的资源。

互联网上有着大量的内容，有些是免费的，但粗制滥造，或者是碎片化的，不成体系，有些是更权威、制作更精良的付费课程，建议你不要贪图便宜去选择免费的内容，付费课程会减少你踩坑的风险。

学习是一个系统性工程，不要指望在这里看一段视频，在那里看一条理论就能把一个副业技能学到手，尤其是那些吸引眼球的爆款标题，其里面基本都是言之无物的内容。

理论学习是基础，但实际操作更重要，尽量将学到的知识应用于实际项目中。比如，为朋友拍摄视频，给你喜欢的公众账号投稿等，都是很好的实践机会。通过实践，你能更好地理解理论，并能快速提高技能水平。

在学习的过程中，加入一些群组（成员有着共同的学习目标），比如微信群、小红书群、抖音群、豆瓣兴趣小组等，也是一个不错的学习方法。你在群里会认识更多的学习者，通过交流你可以学习到很多东西。当然，大部分群组都有一个缺点，那就是总是有一小群人在里面聊天灌水，所以你要甄选后再加入，不要白白浪费了学习时间。

选择并学习一门副业技能是一段既充满挑战又充满机遇的旅程。无论你选择的副业技能是什么，关键在于找到你真正热爱的领域，并投入时间和精力去学习和提升。通过持续的努力和实践，你不仅能够发展出一个有益的副业，还能在这个过程中发现新的热情和可能性，一个新的充满无限可能的世界等待你去探索！

7.4 自由学习必备的三大思维

根据《2023 抖音公开课学习数据报告》，过去一年，抖音上高校直播课观看总时长超过 7350 万分钟，相当于 1.68 万节课。这还只是抖音一个平台的数据，我们可以想象类似 B 站、网易云课堂、学浪这样体量相当的知识教育平台，所有学习的数据累积起来，这个总量会多么惊人。

为什么越来越多的人走出校门却开始热衷于学习？其实不难理解，就像曾经流行过的“夜校热”一样，大家在业余时间上夜校，考职称，考技能证书，通过学习助力自己的职业生涯和个人成长。现在大家只不过是把各类学习网站当成了曾经的夜校，但通过学习改变人生的上进心和愿望并没有变化，反而更加强烈了。因为人们相信，通过系统的学习是能够得到好结果的。大家的学习热情并非全部源于升职、加薪、赚钱，不少人是出于对自我的更高要求，希望通过学习让自己变得更优秀。

那么，类似于这种没有功利目的，只是出于“本心向善”式的成长性自由学习，应该如何学才不至于迷失在知识的汪洋大海中呢？

1．成年人学习，首先得把标准答案思维切换成参考答案思维

我们经常会发现一个有趣的现象，同一个问题，张三和李四都有着自

己的答案，两人围绕中医好还是西医妙的问题争论不休，而他们的观点依据可能是在某篇公众号文章里看到的，也可能是在某个不知名的抖音视频中听来的。他们都相信自己的答案是标准答案，但实际上，张三看的公众号内容可能是从网上搜罗来的，李四看的抖音内容也是从百度百科上抄的。成年人如果想要学习，提高自己的认知，首先要把标准答案思维切换成参考答案思维。标准答案思维，就是认为所有问题都有唯一正确的答案；参考答案思维认为凡事都得看具体情况。就像关于中医和西医谁更好的争论，如果张三和李四都把标准答案思维切换成参考答案思维，那他们多半是吵不起来的。因为他们会知道，中医和西医到底谁好得分情况。中医有自己的一套逻辑，在病情不太紧急而又比较顽固的情况下，可以尝试用中医调理或治疗。但在紧急情况下，比如身体部位骨折，西医可以立即手术，从而快速治疗，减少痛苦。

如何把自己调整为更为开放的参考答案思维呢？

第一步，无论遇到什么问题，先不要着急下结论，在内心告诉自己，这个问题要分情况。

第二步，了解完情况后，要思考“一般分为几种情况”。这样，我们就会把该问题的各种可能性罗列出来，不容易陷入武断下结论的怪圈里。

第三步，思考“这个问题的具体情况”，对问题做分类探讨，然后选择一个最合适的结论。

2. 成年人学习，要学会洞见式分类

按照参考答案思维，凡事都要看情况下结论。那具体怎么个“看情况”？秘诀在于不能按照事物的表面特征分类，而要按照事物最本质的特征分类，也就是洞见式分类。

比如，如果我们针对教育改革的话题展开讨论，一种表面分类是根据

教育阶段分为小学、中学、大学的改革。很显然，这种分类没有切中要害。洞见式分类会根据教育活动对学生终身学习能力的影响将教育核心内容分为以下三类：

第一类，基础知识和技能教育，为学生未来学习打下基础；

第二类，批判性思维和创新能力培养；

第三类，情感、道德和社交能力的发展。

这种分类能帮助教育者分阶段地考虑教育内容和方法，从而促进学生合理发展，也为教育政策制定者提供了改革重心和思路。

3. 成年人学习，要学会互动式学习

有人认为跟其他人有一些互动交流，就叫互动式学习，实际上并不是这样的。

我们可以观察以下两个场景。

> 场景一：你听课的时候，没听明白，向老师提问。老师给你解释，你听明白了。你跟老师之间有了互动。
>
> 场景二：你听课的时候，老师讲的观点 A，你想到了观点 B，有一个同学想到了观点 C。然后你跟这位同学讨论，到底是 B 更好还是 C 更好。

请注意，场景一不叫互动式学习，场景二才叫互动式学习。互动式学习不是人和人之间的互动，而是观点和观点之间的互动。这个过程至少具备两要素：第一，你通过自主思考产生了新观点；第二，跟别人的观点发生了交流碰撞。

这里牵扯到一个学习的本质问题，那就是不停地搜集模型并产生思维

碰撞，最终选择满意解。就像统计学大师乔治·博克斯所说的，“所有的模型都是错的，但有一些是有用的”。成年人需要自主学习甚至终身学习，建立参考答案思维、学会洞见式分类、掌握互动式学习，本质上都是围绕这一句话展开的。因为每个思维模型都有它的特定前提，我们不能只抱定一个终极答案，而是要兼顾每一个参考答案。

同时，为了快速找到某个模型的应用场景，我们需要给眼前的问题做分类，找到它们的本质区别。最后，因为每个模型都有它的局限性，我们需要不断地搜集新模型，不断与其他观点发生碰撞。

第8章 价值变现——让学习交付结果

8.1 让知识成为真正的财富

无论我们决定学习什么样的内容，从开始设定目标到最终拿到结果，这中间的过程一定是充满艰辛的，学习的苦只有学习的人才会知晓，同样，学习的快乐也只有学习者才能明白。

我们在学习的过程中会遭遇困难，我们不畏艰难想尽办法解决它们，回馈我们的畅快喜悦感则会滋养着我们的身心。

无论怎么样，学习的过程都是收获的过程，我们如何将这份耕耘付出的辛苦变为现实的财富，大概是每个学习者都应该考虑的问题。有句古话叫“书中自有黄金屋”，现在的时代，知识真的是可以变现的。

最近几年，知识付费项目遍地开花，光是得到 APP 一年的收入就高达百亿元，更不要提其他平台上各种知识付费课程和博主开课所创造的总价值了。知识付费是个大赛道，能够容得下很多细分赛道。无论你学的是什么科目，通过自己辛苦的学习输入，倒逼自己输出，是有可能在互联网上拿到不错的结果的。因为如今的用户已经初步养成了为知识付费的习惯，他们愿意为课程付费，愿意为知识付费，知识已经成为一种可交易的无形商品，品类繁多且几乎没有任何死角。我在今日头条 APP 上看到过教人打麻将的课程，还在抖音上看到过教人认字的课程，没错，内容就是教那些不认识字的老年人识字。

其中的逻辑是这样的：我们通过自己的努力学习到了某些知识、某项技能。我们通过自己的理解，根据自己的经验，制作自己的课程，或是分享自己的经验，利用这些作品吸引粉丝。当我们的账号积累了一定的粉丝量时，我们就可以把自己的作品标准化、商品化，挂在自己的账号上进行销售，当然也可以直播带货。

网络是 24 小时提供服务的，你相当于在网络上开了一家 24 小时不打烊的知识商店，并且网络是不受地区限制的，你的目标人群不是几千人，也不是几万人，而是整个互联网上有潜在相应需求的数以百万、千万计的网民。网络就像一个放大器，能够通过搜索引擎、智能推荐，把你发出的知识内容推送到感兴趣的用户手里。

在学习的过程中，或者学有所成之后，将所学知识经过我们自身的理解和内化，再用自己的表述进行输出，这本身就是一种高质量的强化学习和记忆的方式，从输入到输出的过程，实际上模拟了费曼学习法，能让学习效果翻倍。这种既能帮助自己更好地吸收知识，还能帮助对相关内容有潜在需求的网友，甚至能获得一定数量的粉丝和收益，一举三得的事情，为什么不做呢？

那么，如何迈出第一步，从零开始建立属于自己的知识付费账号呢？答案是选择平台。

选择平台其实就是给自己选择一个合适的赛道，等于你打算在众多网络平台中选择某一块“责任田”开始耕耘。选择的平台要与自己所输出的内容契合，还要根据自己的实际情况综合判断。如果你擅长文字输出，擅长写作，而且你学习的内容和文字有很强的相关性，那就选择以文字为主的媒体平台或社交平台，如知乎、微信公众号、今日头条、企鹅号、简书、小红书等；如果你不害怕出镜，擅长拍摄视频，擅长演讲，口才不错，你可以选择视频平台，如抖音、快手、B 站、视频号等。

接下来，我把常见的平台简单介绍一下，让大家有个初步的了解。

（1）微信公众号。微信公众号是老牌的图文类输出平台，拥有海量用户，你可以建立个人账号作为自己运营内容的主阵地，也可以将它当作私域流量池，把你在外部公域流量中获取的粉丝引流到自己的账号上。

（2）头条号。字节跳动旗下今日头条 APP 的内容创作平台，叫作头条号。今日头条是我个人比较推荐的新人作者起家的平台，原因如下：

微信公众号十分依赖粉丝，只有读者关注账号，才会收到推送。或者主动搜索，才能看到内容。和微信的封闭生态不一样，头条号是最早采用智能推荐算法的应用之一，它根据创作的内容和领域自动给匹配感兴趣的读者。所以，即便是新人，也不会遭遇冷启动的尴尬。此外，头条号的变现渠道多样，比如带货功能、付费专栏、广告收益、抽奖功能等。

（3）一点号。一点资讯是凤凰网旗下的资讯类 APP，一点号是其内容创作平台，在智能算法上同样非常领先，因为和许多手机厂商有不错的合作关系，所以用户量非常大。

一点号的变现渠道有点金计划、原创奖励、粉丝赞赏，相对其他平台而言变现渠道较少，但一点号的账号运营思路和头条号类似，可作为矩阵账号进行补充运营。比如，同一篇原创内容写出来以后，可以先发在头条号上，之后再发到一点号上。

（4）百家号。百家号是百度旗下的内容创作平台，有着非常稳定的活跃用户群体，内容创作变现的单价相比同类平台会高一些。

百家号的内容变现渠道和头条号极为相似，有广告流量（阅读量）、商品卡片（带货）、付费专栏、粉丝打赏等。

（5）企鹅号。企鹅号是腾讯旗下的自媒体创作平台，它的特点是用户基数大、分发渠道广，创作者的作品除了能在企鹅号上展现以外，还有可能被推送到腾讯的其他生态产品入口里，比如腾讯新闻、天天快报、QQ 浏览器、应用宝、腾讯视频等。

（6）知乎。知乎是知名的问答类内容社区，有很多各个领域的专家和高手，也往往是各种网络事件发生之后观点激烈交锋的地方。因为很多人在生活中遇到问题或者在学习中遇到难题总是喜欢在知乎上搜索答案，所以适合我们输出自己的学习心得和经验。

除此之外，就是我们耳熟能详的短视频平台了。抖音适合娱乐化内容，如果我们要做知识输出，想把抖音当作阵地，需要我们把内容做得更有趣一些。视频号则相对严肃一些。平台性质有所差异，所以选择时需要考虑这一点。

8.2 打造个人 IP，收获更多价值

什么是 IP？比如“董宇辉”“罗永浩”“李永乐老师”“李子柒”“封神榜”“故宫文创”等就是可持续开发的 IP 元素。

我们所说的个人 IP，一般是指个人媒体账号，也就是由创作者自己运营输出、有一定知名度、在某领域内有一定粉丝数量的高价值账号。

可以将打造 IP 并变现看作是经营一家公司或建立稳固的人设的过程，属于前期进展缓慢，后期收益巨大且稳定的事情。

一个 IP 被成功打造之后，将会拥有海量的流量和私域粉丝，变现的渠道也会变得多种多样，无论是赞助商投放广告、视频带货、付费专栏或结集出版，这些模式都是没有问题的。

假如你在某个领域有着丰富的知识储备，对于该领域有着很强的综合认知理解，那么你可以通过文字、视频、音频等方式，将该领域里的知识进行系统化输出，这样便具备了打造个人 IP 的基础。

不要担心你即将跨入的领域里已经有了难以逾越的头部账号或专家达人，即便是同一领域，不同的账号也能凭借不同的风格、不同的人设、不同的展现形式打出差异化竞争的策略。用自己独特的方式开启属于自己的 IP 账号，如同埋下一颗希望的种子，只管辛勤耕耘，坚持输出创作，一定会拥有自己的拥趸。

当然，在打造个人 IP 账号的过程中，以下几点需要特别关注。

1. 打造人设

人设指的是一个账号给予受众群体的整体直观印象，也就是新媒体行业常说的标签。

比如，提起“火箭少女”杨超越，你会想到哪些人设关键词？锦鲤少女、呆萌、接地气、运气爆棚、人生赢家等，这些都是能够让观众迅速记住她的重要因素。因为独有的人设标签，让她可以从一众能唱能跳、颜值超高的同类艺人中脱颖而出，并且给了观众一种梦幻般的想象：这样的女孩儿能获得成功，世界真是美好又温柔啊。

和明星艺人一样，在喧嚣的互联网时代，一个新媒体账号也需要属于自己独特的人设标签，你设定什么样的标签，就会吸引什么样的粉丝。

从一开始计划运营起，IP 账号就需要拟人化，要把这个账号和自己的性格联系起来，赋予它和自身相互契合的独特人格。

同一个创作领域，可以衍生出多样的风格和人设的 IP，独特的人设标签也能够让自己的账号在该领域里快速获得更多关注。但需要注意的是，尽量选择和自己性格较为接近的类型标签，比如自己明明是一个与世无争、温婉知性的女人，却非要去做八卦娱乐账号或变现很快的美妆带货账号，勉强自己在别人面前扮演一个截然不同的角色是非常辛苦的一件事。

总之，还是那句老话：真诚才是必杀技。

2. 边学边做

到底掌握什么程度的知识储备才能开始做自己的 IP 账号呢？这个问题实际上没有标准答案，并非在某个领域达到专家级的水平才能开始，大部分情况下，你只需要在这个领域里达到“发烧友”级别就可以做了。

在没有开始之前，千万不要拿自己与那些拥有百万粉丝的领域大咖作比较，你会惊叹于他们精巧的选题、高超的文笔、巧妙的结构、发人深省的说理，以及能源源不断、长期输出高质量的作品的精力，从而担心自己无法做到这些。

事实上，很多 IP 账号在运营初期，为了能够持续稳定地输出作品，一般都会采用一边输入一边输出的方式进行。无论一个人对某个领域有多熟悉，为了打造一个账号而不断地输出，总有一天会将自己的知识掏空，所以在创作的同时也要不断吸收新知识，不断储备，为以后持续创作而积累素材和动能。

很多人可能不太理解，一个人既然想学习，为啥不去买教材自学，非要关注那些知识类博主呢？这就涉及新媒体时代关于阅读的不同心理了。这个时代与以往最大的不同就是去中心化、去权威化，在自己熟悉的平台、自己喜欢的账号中阅读内容或看视频，感觉就像是在和朋友交流，而不是跟教授和老师这类权威探讨，看完之后，有不同意见的可以在下方评论留言，喜欢的可以点赞，还可以给作者打赏以示尊重。

如今在新媒体平台阅读，实际上带有很强烈的社交属性，这就是为什么很多人看完一篇文章之后，一定要翻一翻评论。有些评论也非常有才华，看完会让人忍俊不禁，或者干脆撸起袖子亲自争论几句，这都是一种非常解压的社交行为。

IP 创作者请一定要理解这一点，并利用好这一点，你创作的内容不仅要好看，更要有独特的观点，能引发讨论。

8.3 找准个人定位及知识产品规划

在正式把自己的知识变现之前，我们不仅需要对自己进行定位，还需要对自己的知识产品进行规划。

没错，知识就是一种产品，想要把产品推销出去，就需要我们有产品经理的思维，明确知道自己的用户是什么人，他们遇到了什么难题，怎样才能帮他们解决问题等。

比如，你学习了三年英语，有了一些成绩，从一开始不认识音标到达到看美剧可以不借助中文字幕的水平。一路走来一定遇到过很多困难，你太了解一个想要学好英语的人需要什么了。因此，你在输出自己的知识的时候，始终要遵循一点：让别人看了你的内容能有所得！

苏琪有个走遍祖国大好河山的梦想，她努力考下导游证，成了一名优秀的导游。因为工作的缘故，她对西南片区的各个旅游景点和路线都非常熟悉，于是她开始拍摄视频并上传到抖音上，专门针对某个旅游景点进行盘点推荐：如何避免旅游中的强制消费？如何选择路线和酒店？景点附近有哪些小众的古镇？

这些素材本身就是她在工作中的经验积累，因此做起来非常轻松自信，同时提供的内容也都非常实用，视频观感体验非常好，短短几个月她的账号就拥有了十多万的粉丝。

随着视频播放量逐渐变大，影响力随之增加，就连景区也纷纷开始和她合作，她很快走上了变现的快车道。

像这种凭借自己学习的专业知识进军自媒体并变现的案例非常多，因为作品一开始输出的就是自己最熟悉的东西，做起来得心应手，无论是持续输出还是后期变现都会比较顺利。

此外，把自己的知识打造成付费产品，需要我们有系统性的思维和精准的用户定位。我们需要把知识进行规划：从哪里开始？以什么样的形式讲解？以什么介质输出？是文字还是视频，是录制视频还是在线直播？我要讲给哪些人听？他们的痛点是什么？我需要怎么帮助他们解决知识、信息上的痛点？

你可以在开始之前给自己制作一个简单的脑图，如图 8-1。这张图里涵盖了你的知识产品在输出之前需要关注的重点内容，有了这张图，你在起步阶段就已经超越了大部分没有策划、没有计划，茫然随心所欲输出的博主。

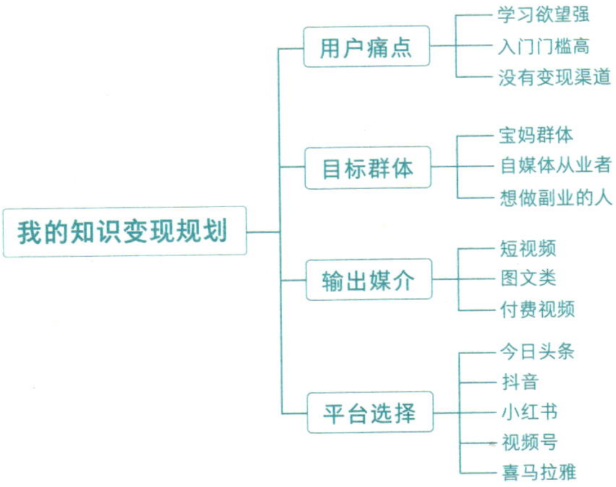

图 8-1

既然我们要做知识付费产品，就应该从自己的专业技能出发，将个人所熟知的专业领域里的知识进行再次创作，利用自媒体平台进行系统性的输出，形成带有强烈个人风格的自媒体账号。学科教师、健身教练、心理咨询师、乐器老师、法律顾问等都是非常容易转型成为新媒体作者的。通过分享自己的专业技能，将自己学到的知识转化成具有个人风格的文章或视频，用深入浅出、风趣幽默或轻松活泼的方式分享给读者和用户，是很多新媒体创作者吸粉的重要手段。

知识分享领域的创作者需要注意的是，千万不要把分享的内容作为课件来做，在创作的时候要考虑用户特性和需求。互联网上的阅读、观看方式是碎片化、娱乐化的，我们需要在创作方式上更注重通俗易懂、简单有效。网上大火的罗翔老师，就是将艰涩难懂的法律问题转化成幽默搞笑的段子，用各种奇葩的案例来普及法律知识，让人耳目一新的同时又不丢失作品的普法功能。

在内容制作方面，可以结合自己的经历来输出，这样更容易吸引人。制作网络上的知识付费内容和传统的著书立说不同，也和站在讲台上讲课不同，它不需要一板一眼，也不需要严肃刻板，带有个人色彩是拉近我们与用户之间距离的最好方式。

在讲解知识的时候，无论是结合自己的学习经历、留学经历还是职场经历，都可以，因为这些都是自己的亲身体验，有话可说，在创作的初期不会陷入找选题、找资料这些难熬的过程，可以轻松地进入良好的创作状态，形成自己独特的风格。

总体而言，在开始知识变现的初期，我们要给自己一个明确的定位，分析自己能够输出什么，喜欢输出什么，以及这个市场需要什么，另外还需要洞察用户需要什么。通过这几个问题的交叉重叠，找到一个适合自己的切入点，也就是自己创作的初心，这样在未来的知识输出道路上，我们才能有目标、有计划、有步骤地进行持续创作。

8.4 线上＋线下布局策略

当我们开始计划做知识付费产品的时候，就需要考虑未来一定会出现的一个问题，那就是如何将线上公域里的粉丝流量引导到我们的线下私域平台来，这是变现的很重要的一个环节。

对于已经进入平稳上升期的新媒体创作者而言，在第三方平台生存显得特别没有安全感，就连那些拥有百万粉丝的头部账号主也时常会感到焦虑，他们担心平台的政策变动会对他们的收益造成影响。因此，他们会在努力争取平台资源的情况下，想出另一个办法：将各大网络平台的公域流量转化为私域流量。

线上＋线下的布局策略，简单来讲，首先就是想办法把你在其他平台上的粉丝转化到你的公众号或微信群里，成为你的私域流量。

我们可以看到，无论是知乎还是微博、头条，很多账号的备注里都留有自己的微信号，很多文章的末尾也有“如果想看到更多关于我们创作的干货文章，欢迎关注我们的公众号”之类的字眼，这都是一种非常明显的转化手段。

想将平台上的公域流量变为自己的私有粉丝，可以参考以下几种营销方式。

1. 免费送资料

一个专门做 PPT 教学的公众号，某天在各大平台的账号上发布了很多精美的 PPT 截图，然后配文写道：

> 账号运营一周年，为回馈 10 万粉丝，特选出 120 套精美 PPT 模板送给粉丝，价值 600 元，免费送。获取方式：扫码关注，后台私信，发送“模板”两个字。

很多粉丝看到之后，都想要这 120 套精美的 PPT 模板，于是纷纷私信后台账号。

后台账号设置了自动回复，弹出一张图片：请长按二维码入群。

粉丝入群之后，管理员又发出一张营销海报和一段文字，要求粉丝转发营销海报至朋友圈，并保留三天。

最后，只有加了公众号、入了官方群，又在朋友圈发了三天营销宣传海报的人，才会得到一串网址，可以下载一些免费的 PPT 模板。

经过这样一连串的操作，这个账号不仅把平台上的公域流量成功导入了自己的公众号，变成了自己的私域流量，还让他们加入了自己的粉丝群，建立了社群营销的基础，更是让粉丝免费为自己的活动做了三天宣传，由此又引来了第二波粉丝。

以此类推，这样的免费送活动适用于知识分析类的账号，如果你主理的是这类账号，手里掌握了一部分免费资源，也可以参考这种方式，尝试把公域流量转为私域流量。

2. 明星光环

有些新媒体创作者在运营了一段时间，账号积累了一定的粉丝和人气之后，会放出自己的个人微信号，允许粉丝添加，并承诺可以一对一为读者解答一些专业领域的问题。

这同样是一种私域引流策略。凭借着创作者本身在网络上积累的人气、信任度和明星光环，很多读者认为其在这个领域里是专业的、值得信赖的，加上微信，未来在有需要的时候方便咨询，而且也很有面子。

3．1元课

有些付费专栏会在某个营销节点推出“1元课”活动，用极低的价格策略吸引读者或用户参与。实际上大多数课程链接或者直播讲座都需要通过微信群由助教统一安排，这样一来，就完成了公域流量转私域流量的动作。

大多数这样的课程类似于试听课，一般都只放出一些精华片段，用以吸引读者购买全价课程。这种方式能够同时完成引流和卖课两大任务，因此非常适合课程、专栏、教学内容创作者尝试使用。

有了自己的私域流量之后，账号运营中无论是带货、做知识付费都是顺理成章的事情，变现也会逐步进入几何倍增的快车道。

附录

附录 1

学习资源推荐

学习类：

智慧中小学 APP（小学、初中、高中课程）

中国大学慕课 APP（高效名师课程）

学堂在线 APP（国内外优质课程）

学习强国 APP（海量的知识内容）

《半月谈》（公考申论范文参考）

全知识 APP（原全历史，中国传统文化集合）

西窗烛 APP（中国历代诗词歌赋）

《新华字典》（正确使用汉字）

历史地图 APP（较全面的历史百科）

新闻资讯类：

C 财经 APP（双语财经资讯）

新华社 APP（新闻通讯）

央视新闻 APP（中央广播电视总台旗下平台）

CGTN APP（中国国际电视台旗下平台）

《人民日报》（时政热评）

Global times 网站（环球时报英文版）

政策快报 APP（全国各地政策信息）

中央纪委国家监委网站（权威信息公开）

《环球时报》（与世界沟通的窗口）

知识类：

看鉴微视频 APP（央视制作）

手机知网 APP（学术论文平台）

央行数据 APP（投资理财好伙伴）

央视影音 APP（纪录片合集）

科普中国 APP（科学普及知识平台）

国家哲学社会科学文献中心 APP（免费的学术资源汇总）

中国法律 APP（法律法规文库合集）

央视频 APP（体育节目直播平台）

云听 APP（中央广播电视总台旗下海量有声书平台）

艺术类：

每日故宫 APP（故宫高清文物介绍）

文旅中国 APP（文化旅游类最新动态）

故宫陶瓷馆 APP（足不出户看精美瓷器）

大剧院·古典 APP（国家大剧院出品的古典音乐平台）

国家博物馆 APP（线上游览全国博物馆）

国家数字图书馆 APP（海量图书资源检索）

以观书法 APP（书法资料博物馆）

自我提升类：

专注清单 APP（番茄工作法 + 待办事项）

Xmind APP（最好用的思维导图软件之一）

印象笔记 APP（你的第二大脑）

幕布 APP（大纲笔记思维导图）

我要自学网（各类技能软件的学习网站）

网易公开课 APP（各种国内公开课和 TED 演讲）

多邻国 APP（多种外语游戏式学习）

不背单词 APP（百万原生例句记单词）

花田小憩 APP（花艺教学）

吉他教学 APP（吉他学习与交流平台）

栗子摄影 APP（0 基础摄影技巧学习）

附录 2

每日学习计划模板

每日学习计划表

学习内容：	
1.	√
2.	□
3.	□
4.	□

学习内容：	
1.	√
2.	□
3.	□
4.	□

今日掌握内容：
日期：　月　日　星期
学习时长：

续表

学习内容：	
1.	√
2.	□
3.	□
4.	□

学习内容：	
1.	√
2.	□
3.	□
4.	□

今日疑难问题：

今日复盘：

后记

这个时代需要终身学习者

正如周国平先生所说："一切教育本质上都是自我教育，一切学习本质上都是自学。"

在这个飞速变化的时代，未来有着太多的不确定性，因而产生这样那样的焦虑，学习焦虑就是其中的一种，缓解学习焦虑，对抗不确定性，是这个时代的人们共同的诉求。自主学习是我们在这个变化的时代获得力量和安定且能够自主掌握的有效行动。

我们不能确定，我们所在的公司是否能让我们工作到退休的那一天；我们不能确定，我们的职业会不会被飞速发展的科技所替代；我们不能确定，我们在学生时代寒窗苦读学到的专业知识，能够足以支持我们一直用到最后……

我们不能确定的东西太多太多了，我们能够笃定的东西变得越来越少，而我们唯一能够做的，就是紧随时代潮流，通过不断学习提升自我，努力和时代保持统一步调，而不是在一觉醒来之后发现被时代遗弃。

这不是贩卖焦虑，这只是未雨绸缪；这不是危言耸听，这只是尊重事实。回顾过往，有多少职业在不知不觉中销声匿迹，又有多少职业刚听说没多久就成了社会主流？

作为随着互联网诞生的一代人，我们见证了太多的消亡和崛起，看过太多无奈的退场，而这一切在未来，只会加剧，不会减缓。

学习，是我们在不确定的时代里，唯一能给自己的一个确定的答案。

做一个能学习、会学习、懂学习且终身学习的人，让我们共同日进一步，精进自己。